Conny Klittich

Tragetuch- & Kraxentouren

Ammergauer Alpen, Bayerisches Voralpenland, Chiemgauer Alpen und Tiroler Berge

45 von München aus gut erreichbare
Hüttenziele und Gipfel
von leicht bis schwierig

Mit Beiträgen von
Angelika Berghald und
Stefanie Schindler

Hrsg. Elisabeth Göllner-Kampel

wandaverlag.com

Die Autorinnen freuen sich über Rückmeldungen, Eindrücke und Anregungen an: Wandaverlag, office@wandaverlag.com, Kennwort: Kraxentouren München.

Cover: Conny Klittich
Satz: Alexandra Bründl
Layout: Julia Weinert, Manuel Thomasser, Melanie Eichhorn
Fotobearbeitung: Conny Klittich
Kartografie: Conny Klittich
Illustrationen: Melanie Eichhorn, Sabine Köth
Lektorat: Johanna Weber, www.lektorat-weber.at

ISBN: 978-3-902939-08-1
Tragetuch- & Kraxentouren Ammergauer Alpen, Bayerische Voralpen, Chiemgauer Alpen und Tiroler Berge. 45 von München aus gut erreichbare Hüttenziele und Gipfel, von leicht bis schwierig.
Wandaverlag, Römerstr. 16, 5081 Anif, www.wandaverlag.com
2020

Klimaneutral
Druckprodukt
ClimatePartner.com/53385-2006-1001

Umschlagfoto vorne: Kranzhornalm Conny Klittich
Fotos: von den Autorinnen oder lt. Abbildungsverzeichnis im Anhang

Der leichteren Lesbarkeit halber wurde durchwegs die weibliche Form verwendet. Natürlich sind damit auch alle Männer gemeint.

Inhaltsangabe

Zeichenerklärung der Überblickstabelle:

Charakteristik (Char.):

↺ Rundweg (RW) ⇄ gleicher Rück- wie Hinweg Gondelfahrt

Balken für Dauer:

Die Länge der Balken zeigt an, wie lange die Wanderung insgesamt dauert. Näheres in der jeweiligen Wegbeschreibung.

Anforderung (Anf.) bezieht sich auf das Gehen mit Trage/Kraxe:

● Leicht ● Mittel ● Schwer

Näheres zur Anforderung im Anhang „Zum Gebrauch des Wanderführers“.

Schatten:

Die dunklen Kreise in der Übersicht zeigen an, in welchem Ausmaß der Weg schattig ist, z.B.:

◔ der Weg liegt nur zu einem Viertel im Schatten

◕ der Großteil der Strecke liegt im Schatten oder auch in lichtem Wald

Die Autorinnen

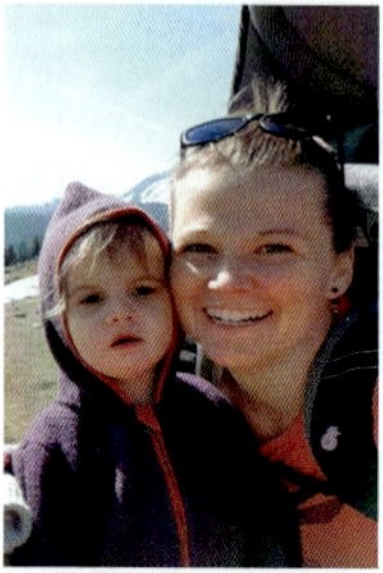

Conny Klittich (ck)
Eines Tages trudelte ein Mail von Conny im Verlag ein, ob wir Interesse an schönen Kraxen-Touren hätten, die Kinderwagen-Touren seien ihr zu langweilig und zu wenig herausfordernd. Das sagt wohl schon alles über ihre Bergbegeisterung aus und nach zwei Jahren intensiven Gehens ist nun dieses vielfältige, bereichernde Buch entstanden. Conny ist im Brotberuf gelernte Mediengestalterin und dokumentiert ihre Ausflüge auch auf ihrem Instagram-Account: gipfelbaby

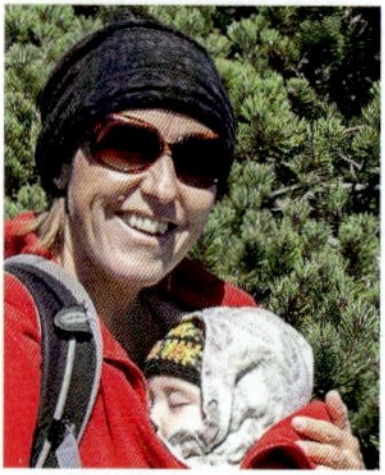

Angelika Berghald (ab)
ist im Berchtesgadener Land aufgewachsen und hat selbst schon auf dem Rücken ihrer Eltern ihre ersten Kraxentouren gemacht. Seither ist sie dem Bergsteigen treu geblieben. Später hat es die Umweltingenieurin beruflich nach München verschlagen, von wo aus sie nun mit ihrer kleinen Familie weiterhin die Bergwelt erwandert.

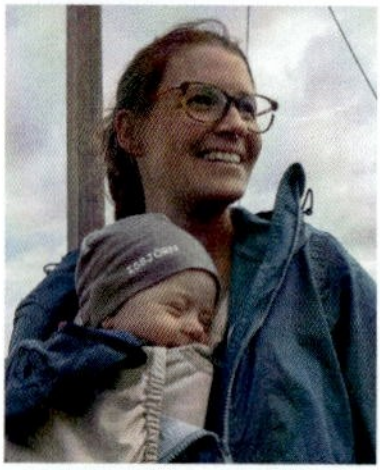

Stefanie Schindler (ss)
war zwar schon immer der „Bergsucht" verfallen, aber seit der Geburt ihres Kindes – ein absolutes Tragebaby – noch intensiver. Aufgrund ihrer sympathischen Art, auf ihrem Insta-Account adailytravelmate von ihren Wanderungen weltweit zu berichten, ist Conny auf Steffi aufmerksam geworden und hat sie noch kurzfristig ins Autorenteam geholt.

Weitere Wanderbücher von uns gibt es u.a. für folgende Gebiete:

Kinderwagen- & Tragetouren **um und in München**

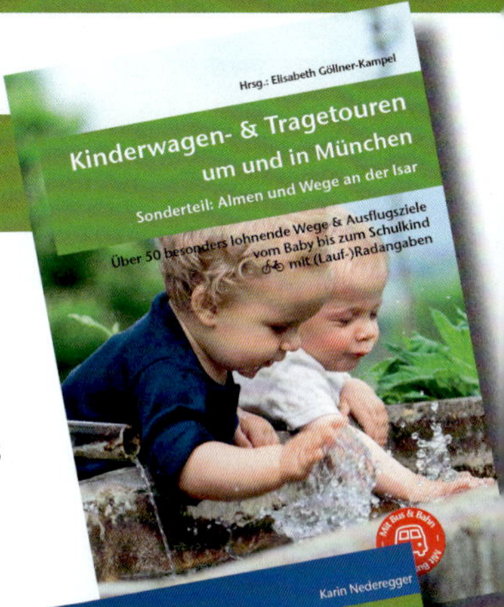

Über 50 besonders lohnende Wege & Ausflugsziele vom Baby bis zum Schulkind

ISBN: 978-3-9502908-6-8

Kinderwagen- & Tragetouren **Durchs Tiroler Unterland bis hinaus in den Chiemgau**

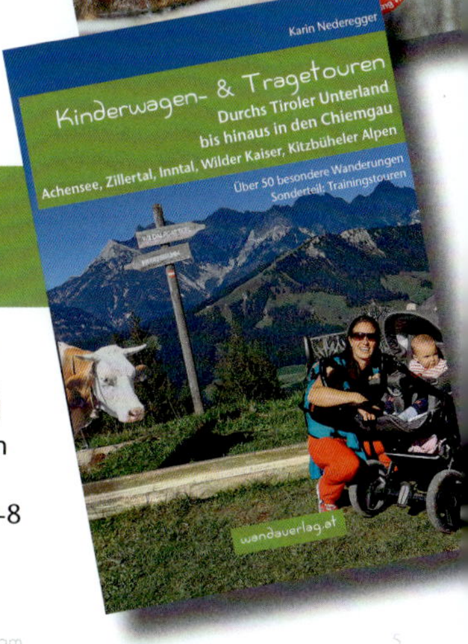

Über 50 besondere Wanderungen in den Regionen Achensee, Zillertal, Inntal, Wilder Kaiser und Kitzbüheler Alpen

ISBN: 978-3-902939-09-8

Überblickstabelle der Wanderungen

I. Garmischer Eck	Char.	Gesamtdauer 1h 2h 3h 4h	Anf.	Seite
1. Höllentalanger Hütte	⇄		🔴	14
2. Berggasthaus Ederkanzel	↺		🔵	17
3. Stepbergalm	↺		⚫	20
4. Wankhaus	🚡 ⇄		🔴	23
5. August-Schuster-Haus	↺		⚫	26
6. Laberhaus	🚡 ↺		🔴 ⚫	29
7. Soila-Alm	🚡 ⇄		🔵	32
8. Hörnle Hütte	🚡 ↺		🔴	35
9. Berggasthof Herzogstand	🚡 ↺		🔴 ⚫	38
10. Jocheralm	⇄		🔴 ⚫	41

II. Tölzer Eck	Char.	Gesamtdauer 1h 2h 3h 4h	Anf.	Seite
11. Tölzer Hütte	⇄		⚫	46
12. Tutzinger Hütte	↺		⚫	49
13. Brauneck Gipfelhaus	🚡 ↺		🔵 🔴	52
14. Schnaiter Alm	↺		⚫	55
15. Lenggrieser Hütte	↺		🔴	58

Höhen-meter	Länge	Schatten				Bus/Bahn
670	11,3	◕	-	X	-	🚌
280	4,5	◕	X	X	X	🚌
808	11,0	◕	-	-	-	🚌
600	4,0	◑	-	-	-	🚌
870	10,8	◔	-	-	-	🚌
900	4,3	◕	X	-	-	🚌
420	8,0	◔	-	X	-	🚌
250	5,0	○	-	X	-	🚌
780	6,8	◕	-	-	-	🚌
520	3,3	◕	-	-	-	🚌

Höhen-meter	Länge	Schatten				Bus/Bahn
930	11,0	◑	-	-	-	🚌
760	17,0	◑	X	X	-	🚌
70	1,5	○	-	X	-	🚌
500	9,0	◑	X	-	-	🚌
639	10,0	◕	-	X	-	🚌

Höhen-meter	Länge	Schatten				Bus/Bahn
430	10,2	●	X	X	X	🚌
724	13,4	◑	-	-	-	🚌
170	7,0	◕	-	X	-	🚌
340	7,0	◕	X	X	-	🚌
280	5,0	◑	-	-	-	🚌
479	7,9	◑	-	X	-	🚌
520	9,0	◕	-	X	-	🚌
300	4,0	◑	-	-	-	🚌
640	13,0	◕	X	X	-	🚌
370	2,1	◕	-	X	X	🚌
430	6,0	◕	-	X	X	🚌
780	8,8	◑	-	X	-	🚌
465	8,6	◕	-	X	(X)	-
208	2,1	○	-	X	-	🚌
180	5,0	◕	X	-	-	🚌
669	13,0	◑	-	-	-	-

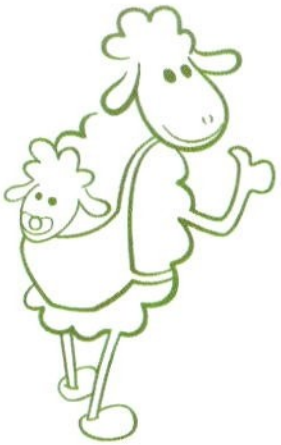

Höhen-meter	Länge	Schatten				Bus/Bahn
360	5,9	◕	-	-	-	-
310	5,7	◕	X	X	-	-
690	10,8	◑	-	X	-	🚌
260	4,5	◔	-	-	-	🚌
260	9,3	◕	X	X	-	🚌
680	13,5	◔	-	X	-	-

Höhen-meter	Länge	Schatten				Bus/Bahn
820	10,5	◔	-	X	-	🚌
627	13,5	◑	X	-	-	🚌
440	8,0	◕	X	X	-	🚌
920	7,3	◑	X	-	-	🚌
380	2,8	◔	-	X	X	-
350	5,3	●	-	X	X	-
650	17,6	◑	X	X	-	🚌
600	6,0	◑	-	-	-	-

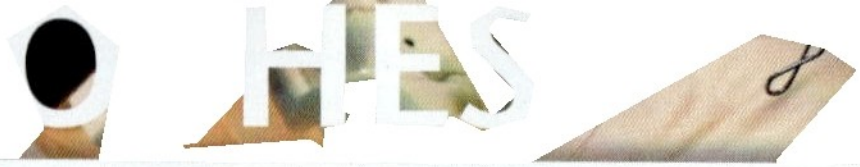

KAMPAGNE FÜR „SAUBERE“ KLEIDUNG WELTWEIT

Der Großteil unserer Kleidung wird in Lateinamerika, Asien und Afrika hergestellt. Die normale Arbeitszeit beträgt zwischen 14-17 Stunden täglich, 7 Tage die Woche! Die sklavenähnlichen Bedingungen der ArbeiterInnen erinnern an die Bedingungen in Europa im 19. Jahrhundert. Nur, dass diesmal Reich & Arm nicht mehr im selben Land, sondern 10.000 Kilometer entfernt voneinander leben. In den Fabriken hängen oft Markenhemden und Billighemden nebeneinander. Ein teures Markenhemd sagt keinesfalls aus, dass die Arbeitsbedingungen bei der Hestellung besser waren.

Die Clean Clothes - Kampagne, die von hunderten Organisationen und ArbeiterInnenvereinigungen rund um die Welt getragen wird, setzt sich für die Rechte der ArbeiterInnen und eine Verbesserung der Arbeitsbedingungen in der internationalen Bekleidungs- und Sportartikelindustrie ein.

Wer bekommt die 100,– Euro für meine Sportschuhe?

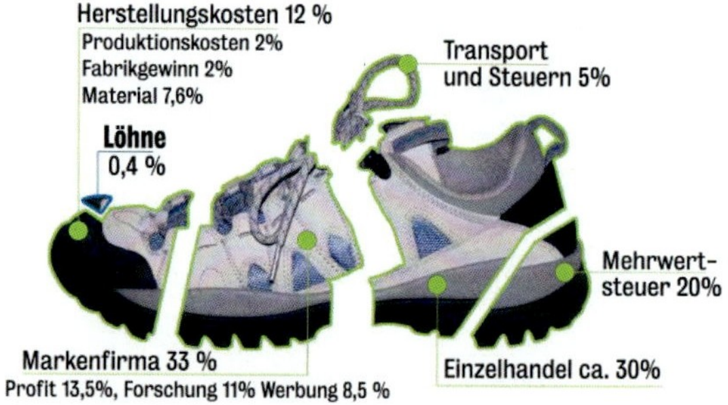

SCHREIBEN SIE UNS ODER RUFEN SIE UNS AN!

Abonnieren Sie kostenlos den Rundbrief der Clean Clothes Kampagne und informieren Sie sich über Herstellungsweisen - z.B. was hinter Markenartikel-Herstellern steckt:

CH: www.cleanclothes.ch   D: www.sauberekleidung.de   Ö: www.cleanclothes.at

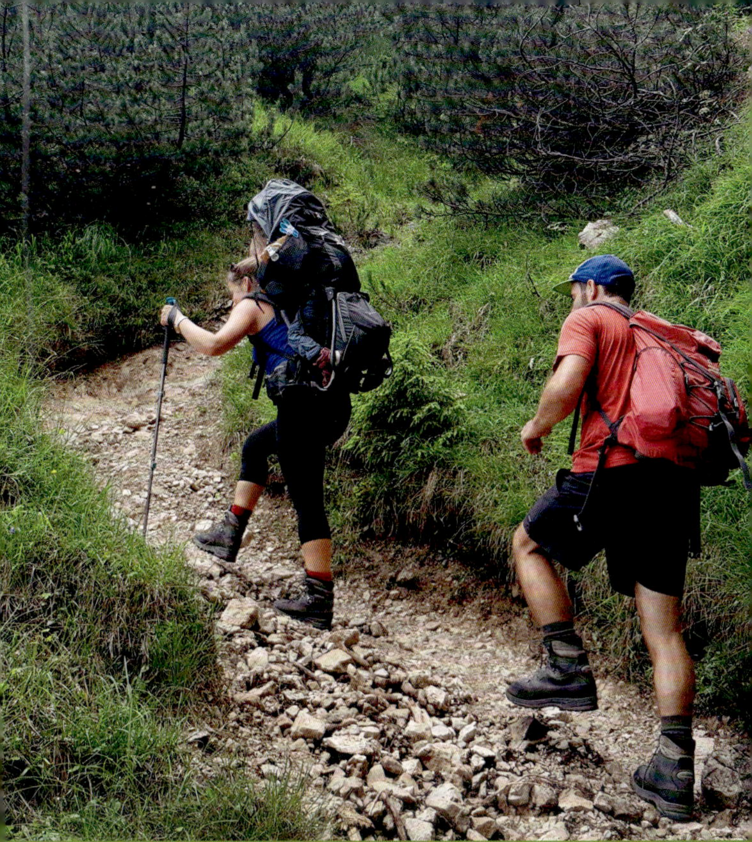

I. Garmischer Eck

1 Höllentalangerhütte (1387 m)

Hammersbach: durch die Höllentalklamm oder oben drüber

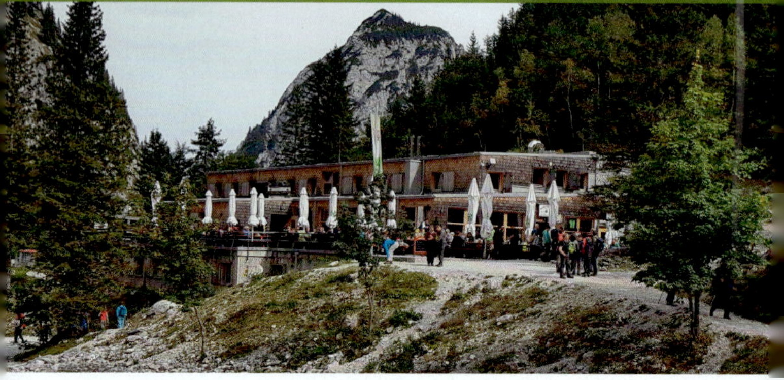

Nicht nur für die Kinder ist eine Wanderung durch die Höllentalklamm ein Highlight. Die Klamm ist spektakulär und immer wieder sind in die Felswand gehauene Tunnel zu durchqueren. Aber Achtung, die Tunnel sind zum Teil nicht sehr hoch und etwas eng, mit der Kraxe manchmal eine kleine Herausforderung. Bitte hier gut auf eure Köpfe und die eurer Kinder achten. Wer ein bisschen mehr Kraft hat, den Touristen aus dem Weg gehen möchte und dazu trittsicher ist, sollte beim Aufstieg einen Umweg über den Stangensteig (+ ca ½ Std. und 150 Hm) machen. Es lohnt sich!

Wetter: Anforderung: Gesamtdauer: 4 ½ h

Anforderung:	Mittel; 670 Hm; z. T. steile Steigung; 10 % Fahrweg; 90 % Steig.
Dauer:	Aufstieg: 2 ½ h; Abstieg: 2 h; gesamt 11,3 km.
Wetter:	Jedes Wanderwetter, auch bei etwas schlechterer Witterung gut machbar. Vor allem im Hochsommer eine schöne Erfrischung.

Gehende Kinder:	Empfehlung, nur durch die Klamm zu gehen und sobald sich die Landschaft weitet und der Weg flach wird, ein nettes Plätzchen am Bach zu suchen und dies als Rast- und Umkehrplatz zu wählen. Vorsicht ist dennoch geboten, die Klamm ist z.T. sehr tief, das Wasser sehr wild. Mit älteren, gehfreudigen Kindern ist der Weg bis zum Ziel abwechslungsreich. An der Hütte gibt es eine große Freifläche und ganz viel Platz zum Spielen.
Kinderwagen:	Nein.
Knieschonender Abstieg:	Nein.

Navi: D-82491 Grainau, Hammersbacher Fußweg. Nähe Hausnummer 28.

Anfahrt: Von München auf der A95 kommend weiter auf der B2 Richtung Garmisch. Rechts halten auf B23 Richtung Fernpass. Kurz nach Garmisch links abbiegen Richtung Hammersbach bzw. Höllentalklamm. Parkplatz am Ortsende.

Bus/Bahn: Von München Hbf. mit dem Zug nach Garmisch-Partenkirchen. Umsteigen in die Zugspitzbahn oder in den Eibseebus, Hst. Hammersbach.

Ausgangspunkt/P: Gebührenpflichtiger Wanderparkplatz P2 nähe Klamm oder P1 am Ortseingang (Richtwert jeweils € 6).

Infos/Gaststätten: *Höllentalklamm, www.hoellentalklamm-info.de, Mitte Mai–Ende Okt, Kinder bis 6 J. frei, Richtpreise: Erwachsene € 5 (DAV-Mitglieder € 2). *Höllentalangerhütte, Tel. 08821 9438548, www.alpenverein-muenchen-oberland.de/hoellentalangerhuette, Mitte Mai–Mitte Okt., kein Ruhetag.*Höllentaleingangshütte, kleine Karte, Tel. 08821 8895, Mitte Mai–Mitte Okt., kein Ruhetag.

Wegbeschreibung: Die Tour startet an einer kleinen Kapelle im Ort, von wo der gemütliche Klammweg am Hammersbach entlang ins Tal hinein führt. Etwas steiler geht es durch den Wald den Berg hinauf, bis man an einer Felswand die Möglichkeit hat, zwischen Klamm oder Stangensteig zu wählen. Wer eine Rundtour machen möchte, genug Zeit und Bergerfahrung hat, kann den Anstieg über den Stangensteig oberhalb der Klamm wählen (Trittsicherheit und Schwindelfreiheit, aber keine besondere Ausrüstung nötig). Eine 70 m hohe Brücke über der Klamm ist hier das absolute Highlight. Für alle anderen geht es links noch kurz den Berg hinauf zum Eingang der Klamm und der kleinen Höllentaleingangshütte. Auf ca. 1,2 km geht es über unzählige Stufen, schmale Tunnel, Brücken und Co. am rauschenden Wasser entlang. Wirklich trocken bleibt hier niemand, auf festes Schuhwerk achten! Am Ausgang der Klamm (hier trifft auch der Stangensteig wieder auf den Weg) geht es dann noch einmal in einigen Kehren ordentlich den Berg hinauf, bevor sich ein breites, hochalpines Tal öffnet und die Höllentalangerhütte mit einer Stärkung wartet. Der Höllentalferner, die Zugspitze und deren Bergstation liegen in Sichtweite. Der Abstieg erfolgt wieder zurück durch die Klamm.

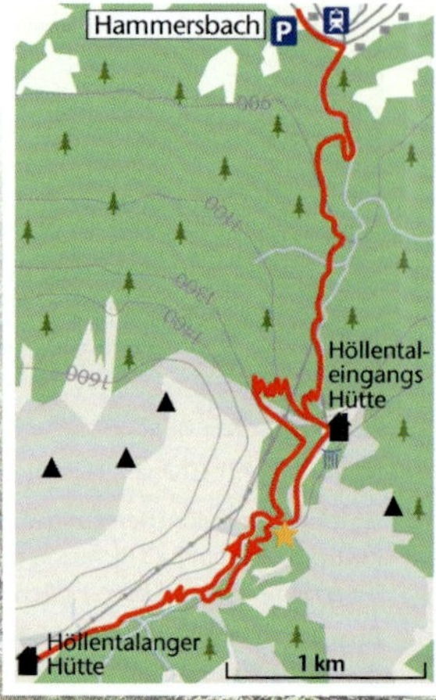

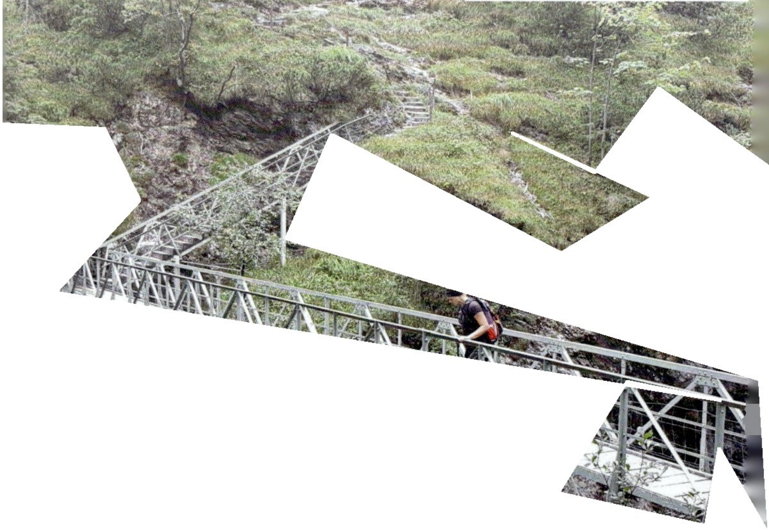

2 Berggasthaus Ederkanzel (1208 m)

Mittenwald: aussichtsreicher Gasthof und Bademöglichkeit ss

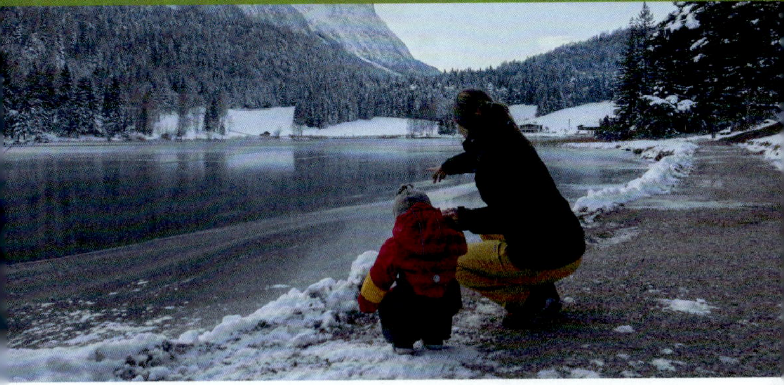

Bei dieser einfachen Wanderung für jede Jahreszeit wird man nach einem kurzen Anstieg zum Berggasthaus mit einem fantastischen Blick auf die umliegenden Alpengipfel und in gleich drei Täler belohnt. Der Lautersee macht diese Wanderung komplett. Im Sommer lässt sich in dem kleinen Bergsee herrlich baden und im Winter hat man dieses Idyll häufig für sich allein.

Wetter: Anforderung: Gesamtdauer: 1 ½ h

Anforderung:	Leicht; 280 Hm; moderate Steigung; ¾ Wanderweg; ¼ Forstweg, ca. ½ km Asphalt und Anliegerverkehr.
Dauer:	RW: 1 ½ h; gesamt 4,5 km.
Wetter:	Für jedes Wanderwetter, auch im Winter geeignet. Bei Nieselwetter kann auf Forstwege ausgewichen werden.

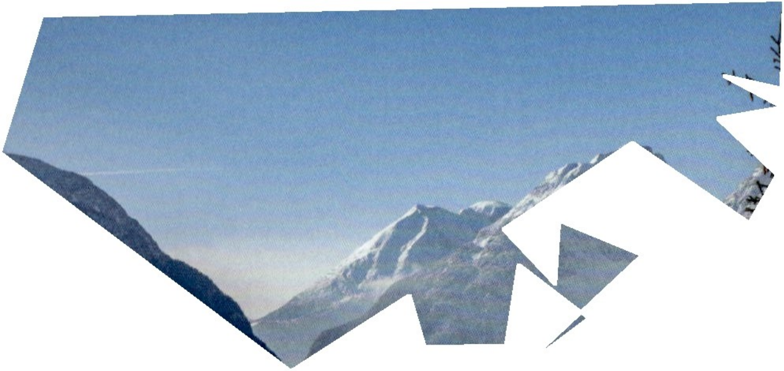

Gehende Kinder:	Sehr gut geeignet ab ca. 4 Jahren. Am Berggasthof gibt es einen kleinen Spielplatz. Im Sommer kann auf dem Rückweg im Lautersee gebadet werden.
Kinderwagen:	Geeignet, jedoch alternativer Aufstiegsweg: Nach ca. ⅓ der Strecke vom Ausgangspunkt Richtung Lautersee führt links eine Forststraße hinauf zum Berggasthaus Ederkanzel.
Knieschonender Abstieg:	Ja, auf den Forststraßen.

Navi: D-82481 Mittenwald, Leutascher Str.

Anfahrt: A95 Richtung Garmisch-Partenkirchen. Vor Garmisch-Partenkirchen die B2 nach Mittenwald Süd nehmen. Am südlichen Ende von Mittenwald rechts abbiegen in die Innsbrucker Str., über die Isarbrücke fahren und nach ca. 100 m links in die Leutascher Str. abbiegen. Der kleine Wanderparkplatz befindet sich direkt nach der ersten Straßenkehre auf der linken Seite.

Bus/Bahn: Von München Hbf. mit der RB bis Mittenwald Bhf. Ab hier sind es zu Fuß bis zum AP am Wanderparkplatz 1,3 km. Von Mai–Okt. fährt ein Shuttle-Bus vom Bhf. an den Lautersee mit der Möglichkeit, die Wanderung hier zu beginnen.

Ausgangspunkt/P: Parkmöglichkeit für wenige Autos an der Leutascher Straße direkt nach der Spitzkehre von Mittenwald kommend auf der linken Seite.

Infos/Gaststätten: *Berggasthaus Ederkanzel, kl. Spielplatz, gemütliche Stube, sonnige Terrasse, Tel. 08823 1681, www.ederkanzel.de, ganzj. geöff., Ruhetage: Jan.–März und Jul.–Sept. kein Ruhetag , Apr., Mai und Okt. Mi Ruhetag, Nov.–Weihnachten: Ruhetage Mo–Fr.

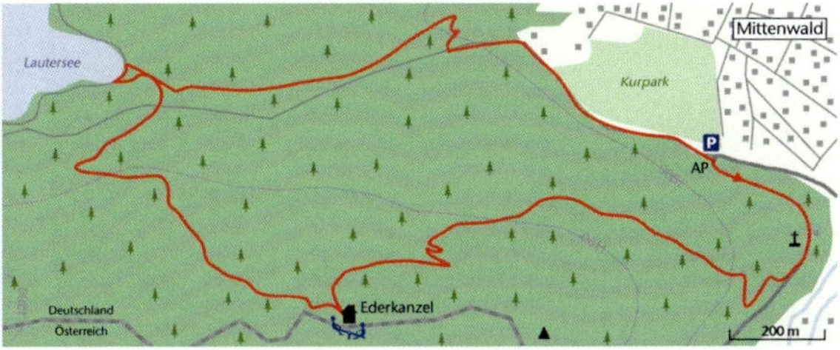

Wegbeschreibung: Vom Parkplatz geht es ein kurzes Stück an der wenig befahrenen Straße entlang in Richtung österreichische Staatsgrenze. Gut zu erkennen durch das markante Schild „Republik Österreich“. Ca. 200 m nach dem Schild zweigt rechts der Wanderweg ab. Hier steht die kleine Eustachiuskapelle, die den Beginn des Aufstiegs markiert. Bis zum Berggasthaus geht es moderat auf einem Wanderweg durch schattigen Wald bergauf. Der Blick, der sich einem vor allem zu Beginn des Weges auf Mittenwald und in das Isartal hinein bietet, lässt die Vorfreude auf die Aussicht von der Sonnenterrasse des Berggasthofes weiter steigen. Tatsächlich fühlt es sich dann auch so an, als würde man auf einem kleinen Gipfel sitzen. Fun Fact: Die österreichische Grenze verläuft direkt durch die Terrasse.
Der **Abstieg** zum Lautersee folgt zunächst der Zufahrtsstraße des Gasthauses. An der ersten Kurve zweigt der Wanderweg Richtung Lautersee links ab. An einigen wenigen Stellen ist der Wanderweg steil, ansonsten geht es moderat, aber zügig durch Wald abwärts. Nicht direkt, sondern ein wenig östlich des Sees, trifft der Wanderweg auf die Straße (nicht öffentlich), die von Mai–Okt. Mittenwald und den Lautersee mit dem Bus verbindet. Nach der Überquerung der Straße sind es nur wenige Gehminuten zum Lautersee und vielleicht geht sich eine kleine Badepause aus. Von hier geht es auf einem Wanderweg zunächst parallel zur Straße zurück Richtung Mittenwald. Nach ca. einem halben Kilometer gibt es eine Abzweigung auf die Straße „Im Kreuth“, die direkt zurück zum Parkplatz führt.
Unser Tipp: Die Wanderung bietet zahlreiche Variationen, z. B. die Umrundung des Sees mit Badepausen.

3 Stepbergalm (1592 m)

Garmisch-Partenkirchen: Rundtour am Kramer

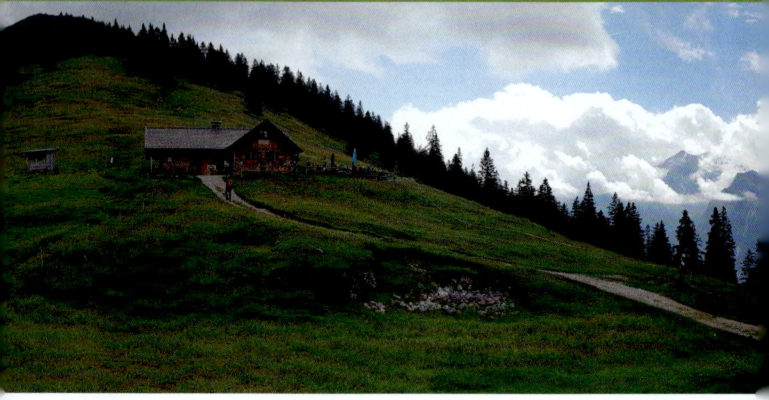

Eine schöne, aber schweißtreibende Wanderung, die im Aufstieg mit einer längeren Steilpassage Kondition fordert, dafür aber mit einer gemütlichen Terrasse, leckerem Essen und einem tollen Zugspitzblick entlohnt. Der Abstieg über das „Gelbe Gwänd" fordert noch einmal etwas Trittsicherheit, macht die Tour aber zu einer beeindruckenden und abwechslungsreichen Rundtour.

Wetter: Anforderung: ● Gesamtdauer: 4 ½ h

Anforderung:	Schwer; 808 Hm; steile Steigung; 25 % Fahrweg; 75 % Wanderwege.
Dauer:	RW: Aufstieg: 2 ½ h; Abstieg: 2 h; gesamt 11 km.
Wetter:	Nur bei trockenem, schönem Wanderwetter.

Gehende Kinder:	Nur für ältere, sehr gefreudige und trittsichere Kinder geeignet. Bei der Alm gibt es Weidetiere (Kühe und Schafe). Der Gasthof „Almhütte“ am Ausgangspunkt verfügt über einen schönen, großen Spielplatz. In unmittelbarer Nähe gibt's ein Kneippbecken (perfekt für die schweren Füße nach der Tour).
Kinderwagen:	Nein.
Knieschonender Abstieg:	Nein.

Navi: D-82467 Garmisch-Partenkirchen, Maximilianshöhe 15.

Anfahrt: Von München kommend die A95, die zur B2 wird, bis Garmisch-Partenkirchen fahren. Richtung Fernpass halten. In Garmisch ist der Gasthof „Almhütte“ (Parkplatz) ausgeschildert.

Bus/Bahn: Von München Hbf. mit dem Zug nach Garmisch-Partenkirchen. Umsteigen in Bus 1 Richtung „Klinikum Skistadion“, Ausstieg „Äußere Maximilianstraße“. Ca. 15 Minuten Fußweg bis Gasthof „Almhütte“.

Ausgangspunkt/P: Kostenloser Parkplatz „Maximilianshöhe“ am Berggasthof „Almhütte“.

Infos/Gaststätten: *Stepbergalm, Tel. 0171 5460788, www.stepberg-alm.de, Mitte Mai bis Mitte Oktober, Mai und Juni Mo Ruhetag.*Berggasthof Almhütte, Tel. 08821 71417, www.berggasthof-almhuette.de, ganzjährig täglich geöffnet.

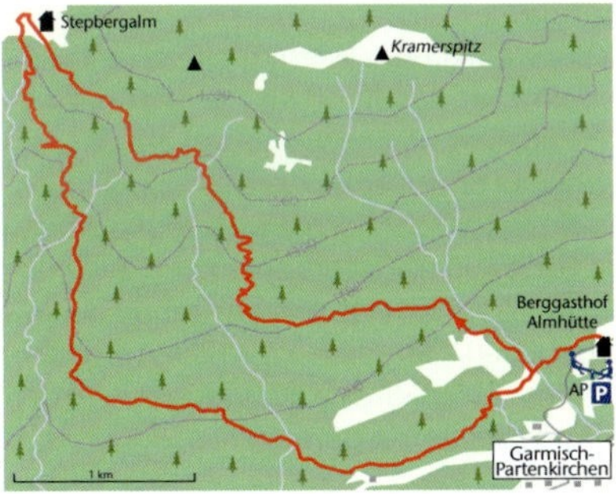

Wegbeschreibung: Die erste Herausforderung der Wanderung ist vermutlich, die Kinder vom Spielplatz und dem Kneippbecken direkt am Einstieg der Tour abzulenken. Aber das Versprechen auf einen Abstecher am Ende überzeugt vielleicht! Direkt nach dem Kneippbecken links geht

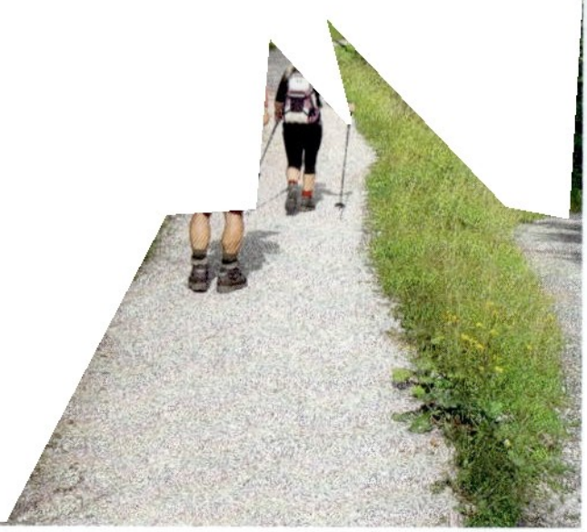

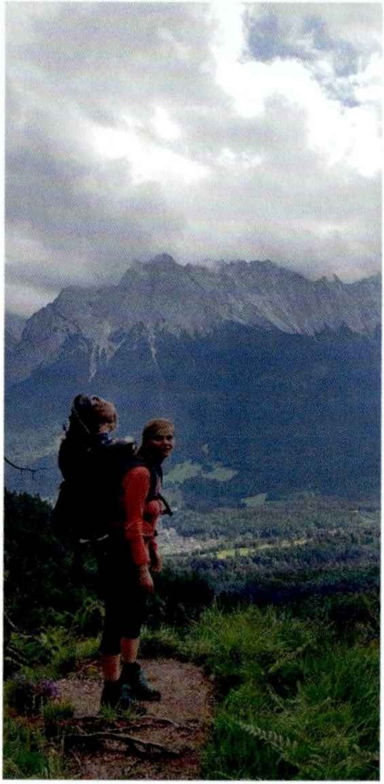

es also zuerst ganz gemütlich den Kramerplateauweg entlang, bis nach ca. 10 Minuten eine Abzweigung rechts Richtung „Kreuzweg, Stepbergalm" bergauf führt. Kurze Zeit später noch einmal rechts halten und weiter der Beschilderung zur Stepalm über Kreuzweg folgen. Über einen verwurzelten, steinigen und steilen Steig geht es durch den lichten Wald Richtung Ziel. Erst gegen Ende wird es flacher und ein großes Wiesenplateau umrahmt die sanft daliegende Stepbergalm. Für den Rundweg geht es nach einer ausgiebigen Pause an den Abstieg, der etwas unterhalb der Alm links startet, Beschilderung „Grainau über Gelbes Gwänd". Ein schöner, schmaler Steig mit einer grandiosen Aussicht schlängelt sich weit den Berg hinunter, bis er auf einen Forstweg trifft. Diesem folgen, bis linker Hand wieder der Kramerplateauweg abzweigt. Die Vorfreude auf das Kneippbecken lässt die letzten, ebenen Kilometer wie im Flug vergehen. Jetzt noch eine Runde die Beine im kühlen Wasser entspannen und den Kindern ein paar Minuten auf dem Spielplatz gönnen.

4 Wankhaus (1780 m)

Garmisch-Partenkirchen: grandioses Gipfelpanorama

ab

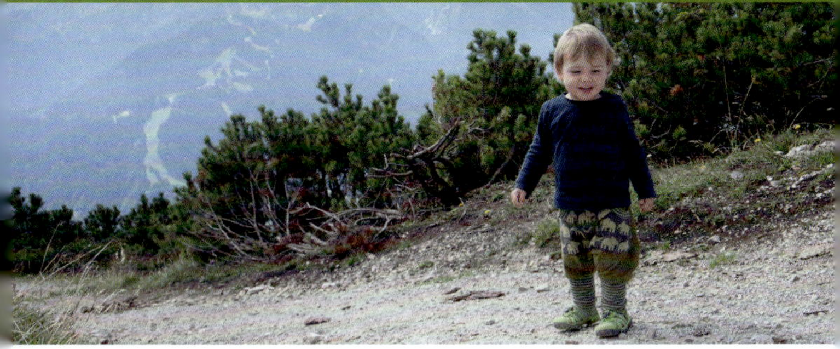

Der Wank wird gerne als Panoramaberg des Werdenfelser Landes bezeichnet. Und das nicht zu unrecht. Am Gipfelplateau ist die Aussicht vom Karwendel im Westen übers Wettersteingebirge, insbesondere Zug- und Alpspitze bis hin zu den Nachbargipfeln Krottenkopf und Hohe Kiste wunderbar. Eine nette mittelschwere Wanderung, geeignet, um die Kondition aufrecht zu erhalten, ist der Anstieg ab der Mittelstation. Gemütliche können natürlich gleich bis zur Bergstation auffahren. Oben gibt es einen großen eingezäunten Spielbereich. Freilich touristisch, aber mit Kindern halt auch bequem und rund um die Bergstation bieten sich auch schöne kleine Wanderungen an.

Wetter: Anforderung: Gesamtdauer: 2 h

Anforderung: Mittel; von Mittelstation 600 Hm; in mäßig steilen Serpentinen auf steinigem Bergsteig.

Dauer: Aufstieg. 1 ½ h; Abstieg mit der Bahn (ca. 10 Min. unterhalb des Wankhauses); ca. 4 km Laufstrecke.

Wetter: Trockenes, nicht zu heißes Wanderwetter; Weg führt durch lichten Wald in S-W-Ausrichtung mit vielen offenen Stellen.

Gehende Kinder:	Empfehlung, mit der Bahn aufzufahren und am Plateau kurze Wandermöglichkeiten zu nutzen (siehe Kinderwageninfo). Der Aufstieg ist aber auch mit gehfreudigen, konditionsstarken Kindern zu machen, sofern sie der Anblick der weiterfahrenden Gondel nicht frustriert ;).
Kinderwagen:	Ja, wenn bis zur Bergstation die Gondel genommen wird. Danach z.B. zum Ameisberg (beschilderter Rundweg ca. ½ h, 1,5 km).
Knieschonender Abstieg:	Ja, Abstieg mittels Gondelbahn.

Navi: D-82467 Garmisch-Partenkirchen, Wankbahnstraße 2.

Anfahrt: A95 Richtung Garmisch-Partenkirchen und auf der B2 nach Garmisch-Partenkirchen. In Garmisch-Partenkirchen links abbiegen auf die Müncher Straße und nach etwa 100 m links in die Wankbahnstraße.

Bus/Bahn: Von München mit der RB nach Farchant; Umstieg mit langem Fußweg (400 m) in den Bus Richtung Antonistüberl, Farchant bis Hst. Wankbahn, Garmisch-Partenkirchen. Hst. befindet sich direkt unterhalb der Talstation der Wankbahn.

Ausgangspunkt/P: Parkplatz an der Talstation der Wankbahn.

Infos/Gaststätten: *Schützenhaus, unterhalb der Talstation der Wankbahn, Tel. +49 8821 9087790, www.schützenhaus-gap.de, Dienstag Ruhetag. *Sonnenalm, Bergstation der Wankbahn, www.zugspitze.de. *Wankhaus, Tel. +49 8821 56201, www.alpenverein-gapa.de, November bis Anfang Dezember geschlossen, Übernachtungsmöglichkeiten. *Wankbahn, www.zugspitze.de, Richtpreis Berg- und Talfahrt € 22,50/Erw., Kinder bis 6 Jahre frei, von 6–15 Jahren halber Preis.

Wegbeschreibung: Die Wanderung beginnt mit der Auffahrt mit der Gondelbahn bis zur Mittelstation. Von dort führt der beschilderte Weg Richtung Wank, Eckenhütte und Gamshütte rechts der Gondelbahn in Fahrtrichtung zunächst eben und über einen kleinen Bach. Kurz darauf bei einer Weggabelung links halten. Der Steig geht nun in mäßig steilen Serpentinen hinauf bis zur Bergstation. Der Weg führt durch lichten Bergwald, der stellenweise bereits schöne Ausblicke über Garmisch-Partenkirchen und die dahinter liegenden Berge ermöglicht. Am Plateau geht's hinter der Bergstation nach links weiter und in etwa 10 Minu-

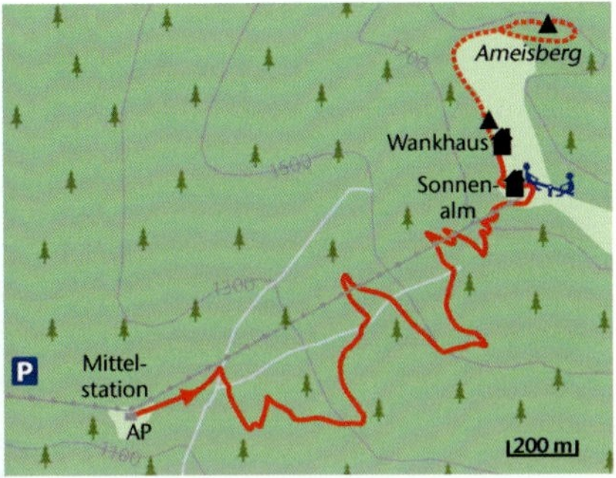

ten zum Wankhaus. Hier kann der breite Forstweg genommen werden oder eine kleine Abkürzung geradewegs über den Wiesenhang. Am Plateau selbst bieten sich weitere kleine Wanderrunden z.B. zum Ameisberg (Rundweg ca. ½ h, 1,5 km).

Anmerkung: Ein in Wanderkarten verzeichneter, von der Mittelstation nicht beschilderter Aufstieg zum Wankhaus, der zunächst talwärts verläuft und nach etwa 200 m rechts abzweigt, ist mit Kraxe nicht zu empfehlen. Der Einstieg ist schwer zu finden (da nicht beschildert) und der Steig ist durchgehend sehr steil.

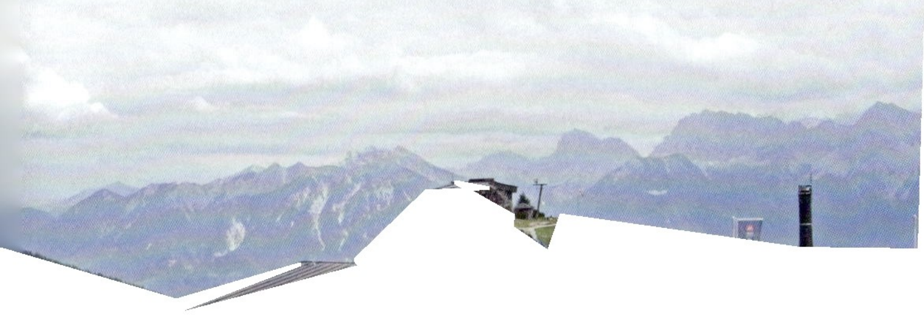

5 August-Schuster-Haus (1564 m)

Unterammergau: abwechslungsreiche Runde mit optionaler Kraxlerei

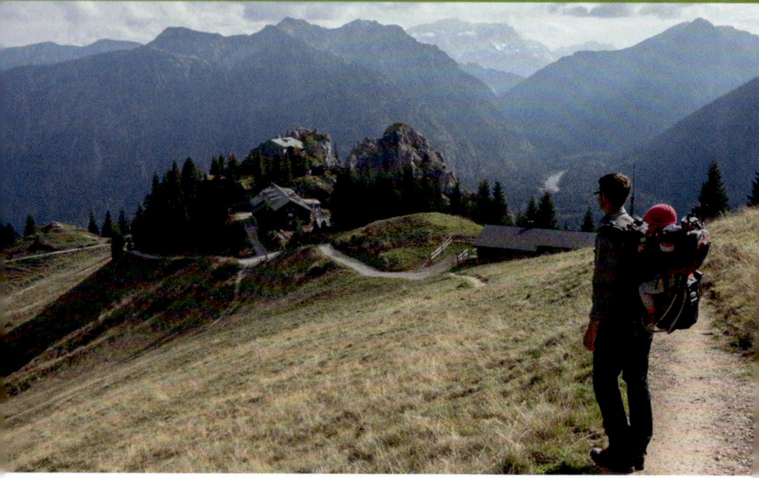

Diese Tour beinhaltet eine gemütliche, aber auch eine abenteuerliche Variante. Wer auf den Gipfel des Teufelstättkopfs aufsteigt, wird von einer umwerfenden 360-Grad-Aussicht belohnt. Wer weniger bergerfahren ist, kann diesen ausgesetzten Gipfel umgehen und gleich das herrlich gelegene August-Schuster-Haus ansteuern. Eine lange, aber absolut lohnende Wanderung in den Ammergauer Alpen.

Wetter: ☀ ◔ Anforderung: ● Gesamtdauer: 4 ½ h

Anforderung: Schwierig; 870 Hm; der größte Teil ist einfach und auf einer Forststraße (80 %), ca. 20 % alpiner, ausgesetzter Steig entlang eines Grats, der Gipfelanstieg zum Teufelstättkopf (Kletterpartie am Drahtseil) kann ausgelassen werden.

Dauer: RW: 4 ½ h; gesamt ca. 10,8 km.

Wetter: Tockenes und schönes Bergwetter, bei Nässe rutschig und damit gefährlich.

Gehende Kinder:	Die beschriebene Tour ist mit Kindern zu weit (siehe Dauer). Wir empfehlen dafür die 1,5 km lange Schleifmühlklamm, gleicher Ausgangspunkt.
Kinderwagen:	Statt über den Steig und den Teufelstättkopf ist das August-Schuster-Haus auch über eine Forststraße zu erreichen. 685 Hm müssen überwunden werden und sind mit Kinderwagen sicherlich eine Herausforderung.
Knieschonender Abstieg:	Ja, da Abstieg über den Forstweg.

Navi: D-82497 Unterammergau, Liftweg 2.

Anfahrt: Von München kommend auf der A95 und weiter auf der B2 bis nach Oberau fahren. In Oberau rechts auf die B23 abbiegen und dieser bis nach Unterammergau folgen. Kurz vor der Ortseinfahrt Unterammergau links auf die Dorfstraße und wieder links auf den Liftweg, an dessen Ende sich der Parkplatz befindet, abbiegen.

Bus/Bahn: Von München Hbf. mit der RB bis Murnau. Dort Umstieg in die RB nach Unterammergau. Vom Bahnhof in Unterammergau ist der AP der Wanderung in ca. 20 Minuten zu erreichen.

Ausgangspunkt/P: kostenpflichtiger Parkplatz am Ende des Liftweges in Unterammergau (Tagesticket: € 5).

Infos/Gaststätten: *August-Schuster-Haus auf dem Pürschling, Tel. 08822 3567, www.dav-bergland.de/augustschusterhaus.html, ganzj. geöff.; aufgrund einer Brandschutzsanierung wird der Betrieb voraussichtlich im Herbst 2020 weitergehen, aktuelle Öffnungszeiten und Ruhetag bitte der Website entnehmen.

Wegbeschreibung: Bei dieser Wanderung müssen die meisten Höhenmeter leider über eine Forststraße überwunden werden. Eine kleine Abwechslung von 1,5 km bietet die Wanderung durch die Klamm, beide Wege führen später zusammen. Nach einer Bachquerung und dem Wegweiser zum Teufelstättkopf steigt der Weg steiler an.
Nun lichtet sich der Wald immer mehr und der Blick auf die umliegenden Berge entschädigt für den recht monotonen, einstündigen Aufstieg

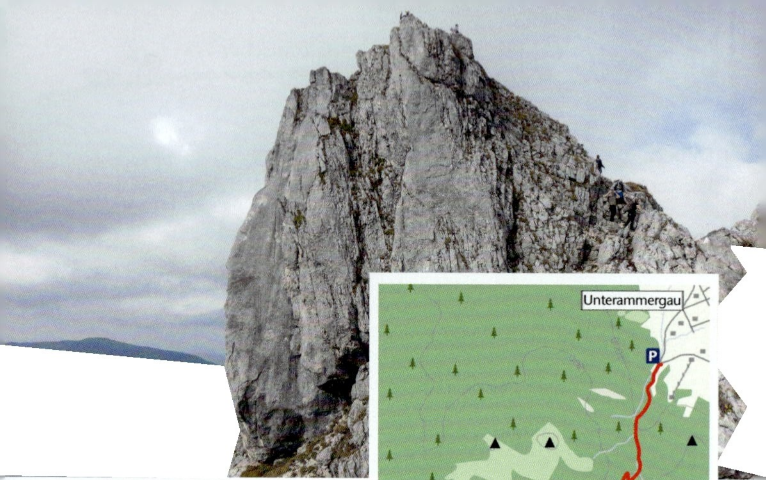

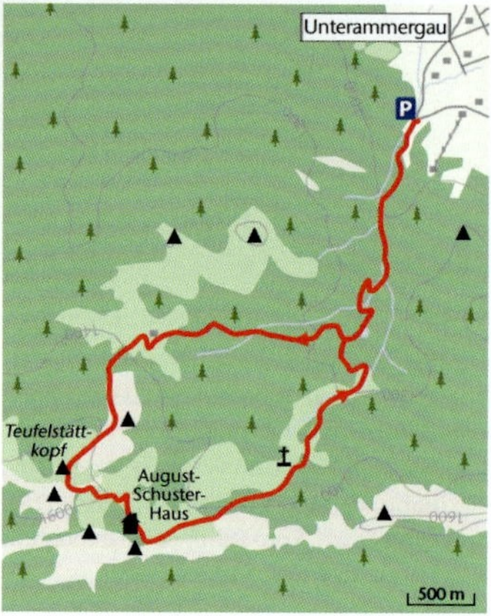

auf dem Forstweg zu den Kuhalmen.

An den Kuhalmen zweigt in der Rechtskurve ein unbeschilderter, aber gut sichtbarer Pfad ab, der in einer Gratwanderung endet, die eine grandiose Aussicht bietet. Das Gipfelkreuz des Teufelstättkopfs immer im Blick, ist das Ziel nach einer weiteren Stunde zum Greifen nahe. Wartet nur noch eine kurze Kletterpartie, bei der ein dickes Drahtseil den müden Wandererbeinen Unterstützung bietet, bevor der Blick in Ruhe über die umliegenden Berge, inkl. des Zugspitzmassives, schweifen kann. Kinder müssen hier unbedingt gesichert werden, es besteht Absturzgefahr.

Der **Abstieg** führt einen nach ca. 15 Minuten zum August-Schuster-Haus, an dessen Sonnenterrasse einfach vorbeizugehen fast unmöglich ist. Von hier kann man den restlichen Abstieg auf einem recht unspektakulären Forstweg in 1,5 Stunden bewältigen.

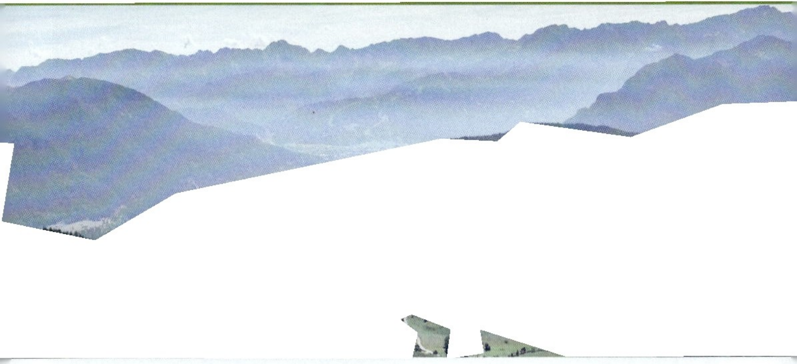

Die Sonnenterrasse des Gasthauses an der Laber-Bergstation bietet einen wunderbaren Blick in die Ammergauer Bergwelt. Der Aufstieg vom Kloster Ettal auf den Laber führt über einen schönen, abwechslungsreichen Steig zur Bergstation. Der Weg von Oberammergau ist nur für Geübte und führt größtenteils über Skipisten. Nach einer guten Brotzeit geht es gemütlich mit der Bergbahn hinunter nach Oberammergau und von dort bequem mit dem Bus zurück.

Wetter: Anforderung: Gesamtdauer: 2 ½ h

Anforderung: Mittel–schwer; 900 Hm; meist mäßig steiler Steig durch Bergwald, der teilweise Trittsicherheit erfordert.

Dauer: Aufstieg ca. 2 h; 4,3 km; gesamt ca. 12 km; Fahrt mit Bergbahn ca. 10 min; Fahrt mit Bus retour ca. 20 min.

Wetter: Trockenes Wanderwetter, größtenteils steiniger und wurzeliger Waldsteig.

Gehende Kinder:	Empfehlung, mit der Bahn aufzufahren. Der Aufstieg ist nur mit sehr gehfreudigen, konditionsstarken Kindern zu empfehlen. Zu Beginn des Weges wird eine Schaukäserei passiert und ein Bauernhof, bei dem eventuell Tiere zu sehen sind. Auch führt der Weg im Tal entlang eines kleines Baches, zu dem an ein paar Stellen flache Zugänge vorhanden sind. Etwa in der Mitte des Aufstiegs im Bergwald befindet sich ein alter umgefallener Nadelbaum, dessen Äste nach allen Seiten wegstehen und eine gute Klettergelegenheit bieten (der Baum liegt dort schon seit mehreren Jahren und wird wohl auch noch etwas länger dort bleiben ...). Der Berggasthof bietet keinen Spielplatz, aber eine nette kleine Fläche zum Toben. Meistens kann man Gleitschirmfliegern oder mit Glück auch Drachenfliegern beim Start zusehen.
Kinderwagen:	Nein.
Knieschonender Abstieg:	Bergbahn nach Oberammergau und mit dem Bus zurück zum Ausgangspunkt.

Navi: D-82488 Ettal, Mandlweg 1.

Anfahrt: A95 Richtung Garmisch Partenkirchen, nach Oberau rechts Richtung Oberammergau fahren. In Ettal kurz nach dem Ortseingang rechts zum Parkplatz entlang des Friedhofs abbiegen.

Bus/Bahn: Von München Hbf. mit der Regionalbahn Richtung Garmisch-Partenkirchen; Ausstieg Oberau; dann Bus Richtung Echelsbacher Brücke, Rottenbuch; Ausstieg Hst. Klostergasthof Ettal, von der Hst. etwa 100 m entlang des Friedhofs zurück gehen und links entlang des Friedhofs zum Parkplatz abbiegen.

Ausgangspunkt: Parkplatz am Friedhof Ettaler Kloster, gebührenpflichtig.

Infos/Gaststätten: *Laberhaus, Tel. +49 8822 4280, www.laber-bergbahn.de, bewirtet immer zu den Betriebszeiten der Bahn (ganzjährig, nur geschlossen bei Herbstrevision, genaue Daten auf der Website nachzulesen). *Mehrere Gaststätten in Ettal. *Schaukäserei (ohne Restaurant), Tel. +49 8822 92 39 26, www.schaukaeserei-ettal.de. *Bahn, www.laber-bergbahn.de, Richtpreis für Berg- u Talfahrt € 15,50/Erw., Einzelfahrt € 10, Vergünstigungen für Kinder ab 6 Jahren und Familien. *Buspläne gibt es bei der Tal- und Bergstation, www.rvo-bus.de (unregelmäßige Abfahrtszeiten bitte beachten).

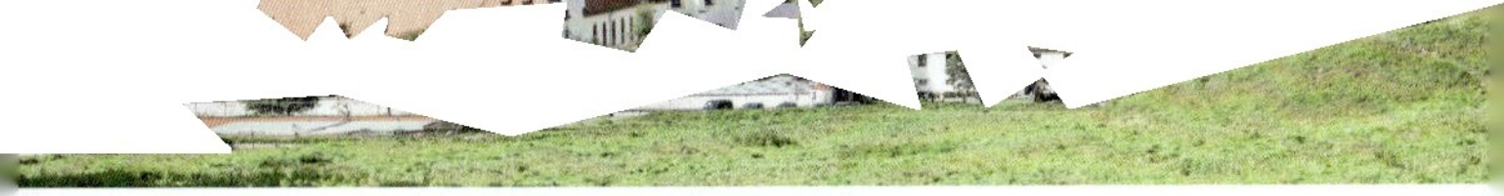

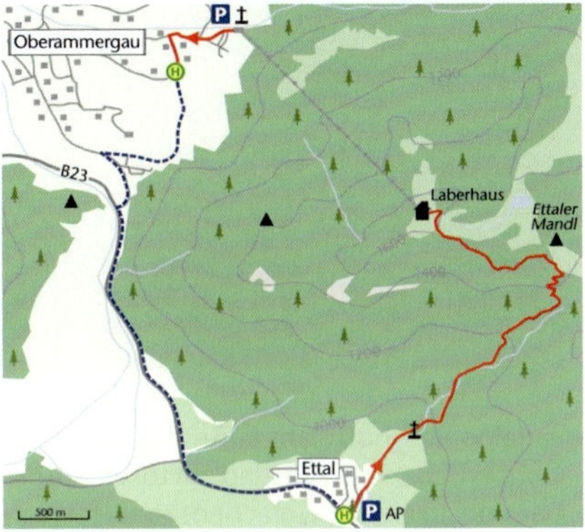

Wegbeschreibung: Vom Parkplatz aus lässt man die Hauptstraße hinter sich und folgt der Straße leicht bergauf. Rechter Hand kommt bald die Schaukäserei Ammergauer Alpen, links ein Bauernhof, an dem man rechts vorbei der Beschilderung „Ettaler Mandl/Laber" in einen Feldweg folgt. Der Feldweg geht zunächst mit geringer Steigung in den Wald hinein und entlang eines Baches. Bald nimmt die Steigung zu und es geht etwa eine halbe Stunde auf dem Forstweg den Berg hinauf. Am Ende des Forstwegs dem Wegweiser nach links auf einen dort beginnenden Steig folgen. Dieser führt in mäßig steilen Serpentinen stetig den einmal lichten, einmal dichten Bergwald hinauf. Nach etwa einer Stunde auf dem Steig gabelt sich der Weg. Rechts führt er zum Ettaler Mandl, links zum Laber. Die meisten Höhenmeter sind geschafft und es geht im leichten Auf und Ab weiter. Bald darauf geht es aus dem Wald heraus und nach wenigen Minuten sieht man links bereits die Sonnenterrasse des Laber. Der Weg wird wieder breiter und führt rechts hinter den Bergrücken vorbei und danach links zur Bergstation.

7 Soila-Alm (1280 m)

Oberammergau: leichte Wanderung am Fuße des Laber

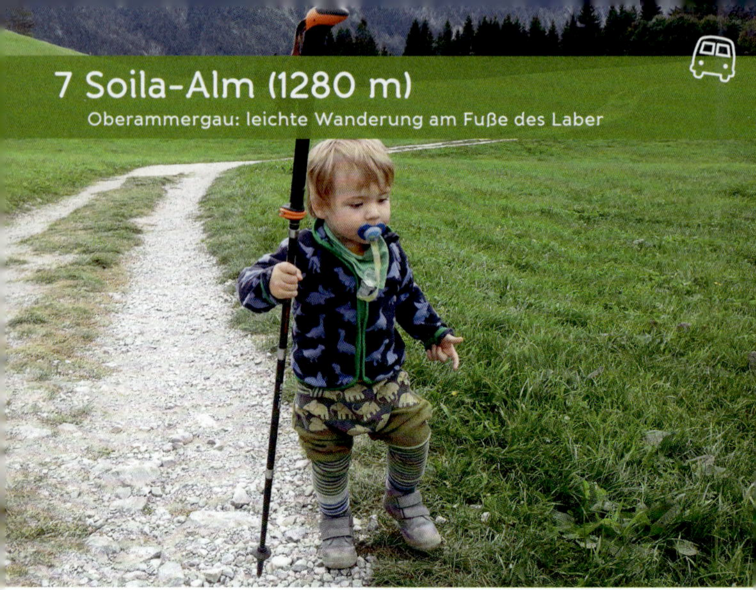

Die Soila-Alm ist eine urige kleine Berghütte am Fuße des Laber. Sie lockt weniger durch einen atemberaubenden Aufstieg mit tollen Ausblicken als vielmehr mit ihrer Gemütlichkeit, der einfachen, aber leckeren Brotzeit und den selbstgemachten Kuchen. Der Weg verläuft nord- bis ostseitig meist durch offenes Gelände und ist daher angenehm sonnig. Auf der Alm kann man die Ruhe genießen und sich am Kuhglockengebimmel erfreuen.

Wetter: Anforderung: Gesamtdauer: 2 ½ h

Anforderung: Leicht; 420 Hm; Meist flacher bis mäßig steiler Steig, Anstieg zur Laber-Bergstation weitere 370 Hm.

Dauer: Aufstieg und Abstieg je ca. 1 ¼ h; 8 km.

Wetter: Jedes Wanderwetter.

Gehende Kinder:	Auch für bereits gehende Kinder ist diese Tour gut geeignet. Der Weg zur Alm ist nicht lang und anspruchsvoll. Der vielleicht etwas eintönige Forstweg kann einige Male mit Hilfe des interessanteren Steigs umgangen werden. Entlang des Weges oder auch oben auf der Alm sind keine Spielplätze. Die freien Almflächen sind jedoch schön zum Toben. Für den weiteren Anstieg zur Laber-Bergstation benötigen die Kinder noch ausreichend Kondition und Trittsicherheit.
Kinderwagen:	Ja, dann nur über den Forstweg. Dieser beginnt jedoch etwas weiter südwestlich entlag der Straße Am Anger. Nach der Brücke über den Bach an der Talstation geht man rechts die Ludwig-Lang-Straße und biegt gleich links in die Aiplestraße ab. Bei der nächsten Kreuzung geradeaus in die St.-Gregor-Straße und bei der T-Kreuzung rechts abbiegen. Der Forstweg beginnt kurz danach auf der linken Seite.
Knieschonender Abstieg:	Ja, über den Forstweg oder von der Laber-Bergstation mit der Gondelbahn.

Navi: D-82487 Oberammergau, Himmelreich 54, der Parkplatz befindet sich links.

Anfahrt: A95 Richtung Garmisch-Partenkirchen bis Oberau, dort rechts Richtung Oberammergau; dort rechts in die Ettaler Straße, dann rechts in die Am Rainenbichl/Aufackerstraße, rechts in die Ludwig-Lang-Straße und schließlich links in die Himmelreichstr. Der Parkplatz befindet sich gleich rechts.

Bus/Bahn: Von München Hbf. mit der Regionalbahn nach Oberau; von dort mit dem Bus Richtung Oberammergau bis Hst. Wellenberg/Laber-Bergbahn. Oder von München Hbf. mit der Regionalbahn nach Murnau, dort umsteigen in die Regionalbahn nach Oberammergau; vom Bahnhof mit dem Bus Richtung Garmisch-Partenkirchen bis Hst. Wellenberg/Laber-Bergbahn. Von der Hst. über den Bach und links in die Ludwig-Nover-Straße, bis unterhalb der Bergbahn rechts der beschilderte Weg startet.

Ausgangspunkt: Parkplatz Laber-Bergbahn, gebührenpflichtig (Richtpreise: € 3/4 h oder € 5/ganztägig)

Infos/Gaststätten: *Soila-Alm, Tel. +49 173 9873296, bewirtet Mitte Mai–Oktober je nach Witterung.

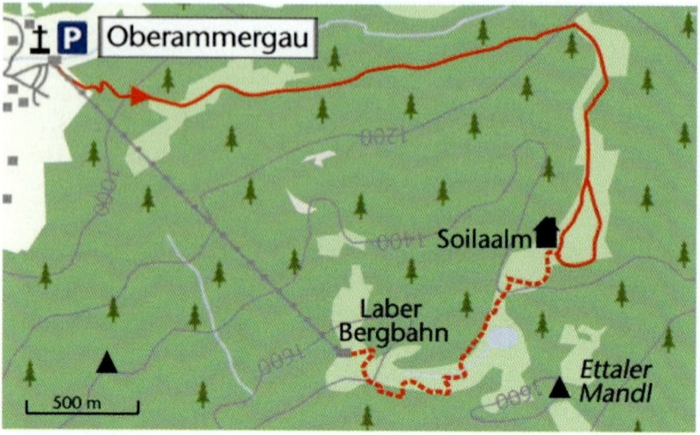

Weg-beschreibung: Vom Parkplatz geht's zunächst zur Talstation der Bergbahn. Diese lässt man jedoch links liegen, geht über den Bach und über die Straße in den dort beginnenden Forstweg, wo der beschilderte Weg zur Soila-Alm startet. Dieser führt ein kurzes Stück entlang der Bergbahn, kreuzt diese und führt in wenigen Serpentinen mäßig steil durch den lichten Wald hinauf. Nach etwa 15 Min. kreuzt der Steig einen Forstweg, den man nach rechts weitergeht. Nach weiteren 15 Min. zweigt rechts ein Steig ab, der kurz durch den Wald, dann über eine freie Wiesenfläche hinaufführt und nach etwa 15 Min. wieder auf den Forstweg mündet, den man nach rechts weitergeht. Nach 10 Min. ist die Alm in Sicht und man kann das letzte Stück den gut sichtbaren Abkürzer über die Almwiesen nehmen. Abstieg gleich wie Aufstieg oder komplett entlang der Forststraße.

Alternative: Wenn die Kondition und die Kinder noch mitmachen, kann man von der Soila-Alm über den Soilasee (der im Sommer manchmal trocken fällt) zur aussichtsreichen Bergstation des Laber hinaufgehen (etwa 370 Hm). Die obere Hälfte nach dem Soilsasee ist der Steig mäßig steil bis steil und führt in vielen Serpentinen in offenem Gelände hinauf zur Bergstation. Von dort kann die Bergbahn zurück zum Ausgangspunkt genommen werden. Zu Informationen zur Bergbahn siehe Tour Nr. 6 Laberhaus.

8 Hörnle Hütte (1390 m)

Bad Kohlgrub: vier aussichtsreiche Gipfel in den Ammergauer Alpen

ss

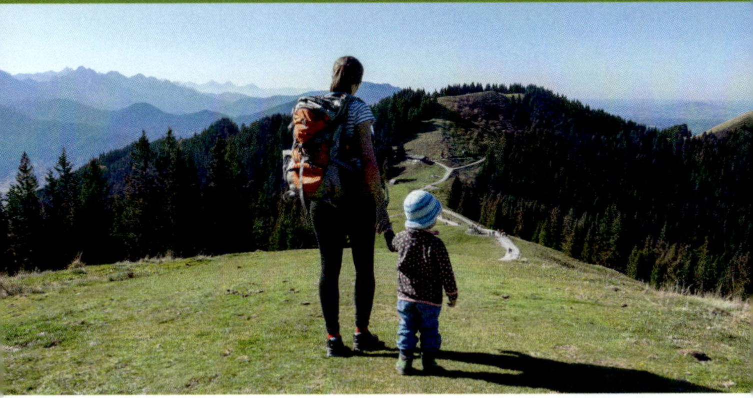

Gleich vier relativ einfach zu erklimmende Gipfel können als Rundwanderung von der Hörnle Hütte aus bestiegen werden und bieten Panoramablicke in das Voralpenland und die umliegenden Berge. Damit die Kraft für alle Gipfel reicht, kann die Hörnle Hütte mit der Hörnlebahn, einem Sessellift mit Schwenkdoppelsitzen, erreicht werden. Die Füße baumeln bei der Fahrt frei in der Luft und ein einfacher Bügel ist der einzige Schutz, um nicht herauszufallen. Kleinkinder müssen auf dem Schoß eines Erwachsenen sitzen. Unter der Woche ist auf den beliebten Hörnle deutlich weniger los als an den Wochenenden. Unbedingt Sonnencreme und Kopfbedeckung einpacken.

Wetter: Anforderung: Gesamtdauer: 1 ½ h

Anforderung: Mittel; 250 Hm; wenig bis moderate Steigung; lediglich die kurzen Auf- und Abstiege der Gipfel sind steil; ¾ Wanderweg; ¼ Forstweg.

Dauer: RW: 1 ½ h; RW: gesamt 5 km.

Wetter:	Klassisches Wanderwetter. Highlight ist die Aussicht, daher am besten bei schöner Fernsicht.

Gehende Kinder:	Empfehlenswert ab ca. 4 Jahren, die Gipfelanstiege können je nach Kondition mitgenommen werden. Spannende Sessellift-Fahrt mit Schwenkdoppelsitzen. Kleinkinder müssen bei der Fahrt unbedingt auf dem Schoß eines Erwachsenen sitzen. Zwischen der Hörnle Hütte und dem hinteren Hörnle liegt die Hörnle-Alm, die mit einem Stück Kuchen Stärkung für Groß und Klein bietet.
Kinderwagen:	Nein.
Knieschonender Abstieg:	Nein.

Navi: D-82433 Bad Kohlgrub, Fallerstr. 14.

Anfahrt: Von München kommend auf der A95 die Ausfahrt 9-Sindelsdorf nehmen. Von dort die B472 Richtung Sindelsdorf/Bad Tölz/Bichl/Peißenberg bis Bad Kohlgrub fahren. In Bad Kohlgrub der Hauptstraße folgen und links in die Badstraße abbiegen, dieser bis zum Parkplatz an der Hörnle-Schwebebahn folgen.

Bus/Bahn: Von München Hbf. mit der RB bis Murnau. Dort Umstieg in die RB nach Bad Kohlgrub. Vom Bahnhof in Bad Kohlgrub ist die Talstation der Hörnle-Schwebebahn in ca. 20 min zu erreichen.

Ausgangspunkt/P: kostenpflichtiger Parkplatz an der Hörnle-Schwebebahn (bis 4 Std.: € 3, ab 4 Std.: € 5).

Infos/Gaststätten: *Hörnle Hütte, Tel. 08845 229, www.hoernle-huette.de, ganzj. geöff., kein Ruhetag, Betriebsurlaub April und Nov. *Hörnle-Alm, in der Weidezeit von ca. Juni bis Okt. geöff., kein Ruhetag. *Hörnle-Schwebebahn: Berg- und Talfahrt: Erw. € 10, Kinder v. 6–15 J. € 6,50, letzte Talfahrt Sommer: 17:00 Uhr, Winter: 16:00 Uhr.

Wegbeschreibung: Der heutige Wandertag startet mit einer ungewöhnlichen Seilbahnfahrt. Die Hörnle-Schwebebahn ist ein Sessellift mit Schwenkdoppelsitzen. Bei diesem Lift klappen die Sitze beim Ausstieg zur Seite weg und man muss einfach nur auf der gelben Markierung stehen bleiben. Kleinkinder müssen unbedingt auf dem Schoß der Erwachsenen sitzen. Tragerucksack und Rucksack können auf Nach-

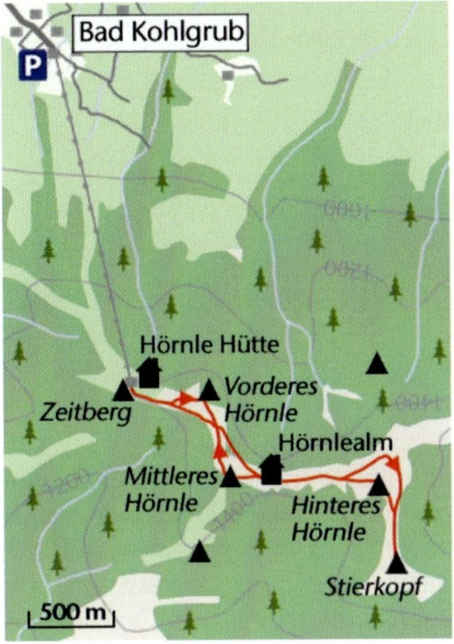

frage separat hochfahren. An der Bergstation angekommen zeigt sich einem bereits das fantastische Panorama, für das die Hörnle-Gruppe so bekannt ist. Direkt hinter der Bergstation, noch vor der Hörnle Hütte, gibt es eine kleine Anhöhe, den Zeitberg. Nach gerade einmal fünf Wanderminuten lohnt sich hier ein Stopp auf einer der zahlreichen Bänke, die im Halbkreis angeordnet sind. Von hier geht es auf dem breiten und sonnigen Forstweg vorbei an der Hörnle Hütte stetig bergauf in Richtung Hinteres Hörnle, dessen Gipfelkreuz die meiste Zeit im Blickfeld liegt. Nach rund 250 m zweigt links gut sichtbar der kurze Steig zum Vorderen Hörnle (1484 m) ab, der auf der anderen Seite bergab auf den Hauptweg führt. Der Forstweg führt bergauf, vorbei an der Hörnle-Alm und einmal um das Hintere Hörnle herum bis zum Stierkopf (1535 m), der sich wunderbar für eine Pause mit Kindern eignet. Hier ist weniger los als auf den Hörnle und es ist nicht ganz so steil. Mit Blick auf die Bergkulisse des Wettersteingebirges inklusive Zugspitze schmeckt die Brotzeit gleich doppelt so gut.

Von hier geht die Wanderung über das Hintere Hörnle (1548 m) zurück auf den Hauptweg und vorbei an der Hörnle-Alm. Direkt bei der Alm zweigt auf der linken Seite der Wanderweg zum Mittleren Hörnle (1496 m) ab, der auf der anderen Seite wieder bergab zum bekannten Hauptweg führt. Die letzten Meter bis zur Hörnle Hütte bzw. bis zum Lift verlaufen gemütlich bergab auf der breiten Forststraße.

9 Berggasthof Herzogstand (1569 m)

Kochel am See/Walchensee: für Konditionsstarke

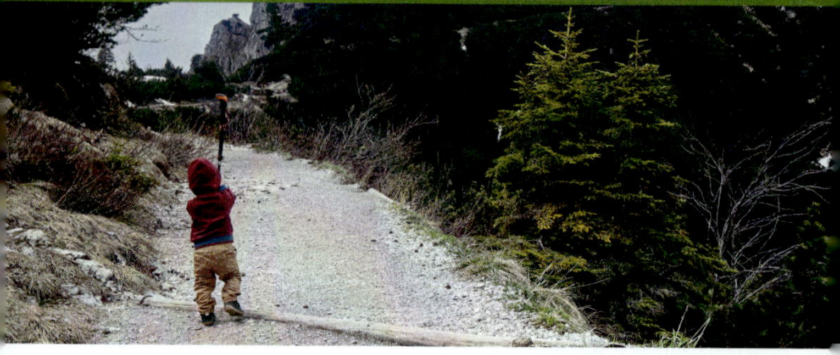

Der Herzogstand ist einer der berühmten Müncher Hausberge. Es gibt viele Möglichkeiten, ihn zu besteigen, in verschiedenen Schwierigkeits- und Längengraden. Am Berggasthof erwartet einen eine grandiose Aussicht über den Walchensee, das dahinter liegende Karwendel bis hin zum Wettersteingebirge und gen Norden über den Kochelsee ins Voralpenflachland. Bei schönem Wetter teilt man sich diese Aussicht allerdings mit vielen Bergfreunden. Auf Grund der Bergbahn ist der Herzogstand gerade an den Sommerwochenenden ein beliebtes Ausflugsziel und für weniger Konditionsstarke ist die Auffahrt eine nette Alternative mit Kindern. Wegen der südlichen Ausrichtung des Aufstiegsweges direkt von der Bergbahn-Talstation ist diese Tour auch im Herbst noch gut machbar. Vereinzelte Bänke entlang des Weges bieten kleine Rastmöglichkeiten. Wer möchte, kann auch im Berggasthof übernachten.

Wetter: Anforderung: Gesamtdauer: 2 ½ h

Anforderung: Mittel–schwer; 780 Hm; meist mäßig steiler Steig, der Trittsicherheit und Schwindelfreiheit erfordert. Gipfelanstieg Herzogstand weitere 160 Hm; Gipfelanstieg Martinskopf weitere 100 Hm.

Dauer:	Aufstieg: 2 h; Abstieg mit der Bahn (ca. 10 min vom Berggasthof entfernt); gesamt 6,8 km, davon 5 km Laufstrecke.
Wetter:	Trockenes Wanderwetter, Weg liegt größtenteils im Wald.

Gehende Kinder:	Mit Kindern, die nicht mehr getragen werden, ist es empfehlenswerter mit der Gondel aufzufahren und zum Herzogstand (ca. ½ – ¾ Std.) aufzusteigen.
Kinderwagen:	Nein (Kinderwagenalternative ist der Forstweg vom Kesselberg-Parkplatz, jedoch lange und viele Höhenmeter).
Knieschonender Abstieg:	Ja, mit der Gondelbahn.

Navi: D-82431 Kochel am See, Am Tanneneck.

Anfahrt: A95 Richtung Garmisch-Partenkirchen, Ausfahrt 10 – Murnau/Kochel am See. Links nach Kochel am See fahren. In der Ortschaft rechts auf die B11 abbiegen. Am See vorbei und in Serpentinen den Kesselberg hinauf und wieder hinunter bis zur Ortschaft Walchensee. Kurz nach der Ortseinfahrt liegt rechts die Talstation der Bergbahn mit dem großen Parkplatz rechts und links der Straße Am Tanneneck.

Bus/Bahn: Von München Hbf. mit der Regionalbahn nach Kochel am See; in Kochel umsteigen in den Bus Richtung Garmisch-Partenkirchen; Hst Walchensee Herzogstandbahn; von Hst. über den rechts der Straße Am Tanneneck liegenden Parkplatz gehen (die Talstation linksseitig) zum Waldrand, ein Wegweiser markiert den Beginn des Aufstiegs.

Ausgangspunkt: Parkplatz Talstation Herzogstand, gebührenpflichtig (Richtpreis € 4/Tag).

Infos/Gaststätten: *Berggasthof Herzogstand, Tel. 0157 34345838, www.berggasthaus-herzogstand.de, bewirtet Mai–Mitte Nov. täglich und von 26.12. bis April nur Fr–So; am Parkplatz ist ein kleiner Kiosk, auf den man sich jedoch nicht verlassen sollte (bei uns im Mai war geschlossen). *Herzogstandbahn, www.herzogstandbahn.de, Richtpreis Talfahrt € 8/Erw., Kinder bis 6 Jahre frei, von 6–15 Jahren halber Preis.

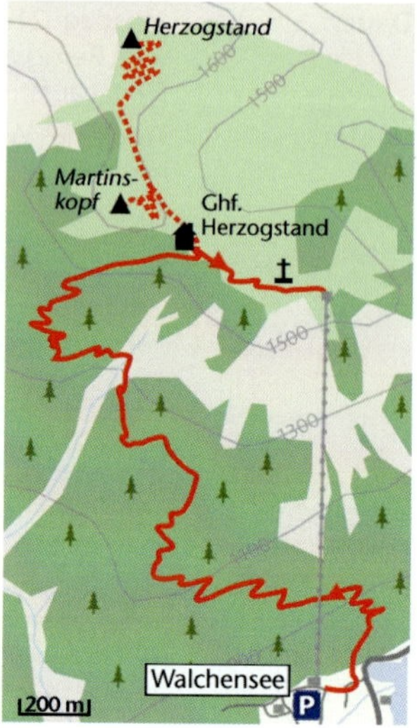

Wegbeschreibung: Zum Ausgangspunkt gelangt man über den Parkplatz, die Talstation linker Hand, die Hauptstraße rechter Hand. Beschildert ist der Einstieg mit „Herzogstand Haus". Der zunächst breite Schotterweg wird bald schmaler und steiler und führt zum Teil über Holzstufen in Serpentinen hinauf durch den Bergwald. Nach ca. 10 Min. kreuzt die Bergbahn, für den Rest des Weges bleibt diese dann jedoch nicht mehr sichtbar. Der gut ausgebaute Steig geht weiter in Serpentinen, einmal flach, einmal steiler hinauf durch den Bergwald. Nach gut einer Stunde kommt für ca. 500 m ein relativ flaches Stück. Hier bieten sich Rastmöglichkeiten im Wald. Danach geht's aus dem Wald heraus und das Gelände wird recht abschüssig. Hier ist Trittsicherheit gefordert und vor allem muss man schwindelfrei sein. Im Frühjahr können hier auch noch vereinzelt Schneefelder auftreten. Die Aussicht über den Walchensee ist jedoch schon recht beeindruckend. Für die letzten 200 Hm führt der Steig wieder zum Teil steil durch den Bergwald hinauf zur Bergstation.

Vom Berggasthof führt der Weg beschildert in 10 Min. relativ flach und stets breit zur Bergstation der Gondelbahn.

Alternative: Abstieg zur Kesselberg Passhöhe (1 ½ h), von dort mit dem Bus zurück zum Ausgangspunkt.

10 Jocheralm (1380 m)

Kochelsee/Kesselberg: Münchner Tourenklassiker ab

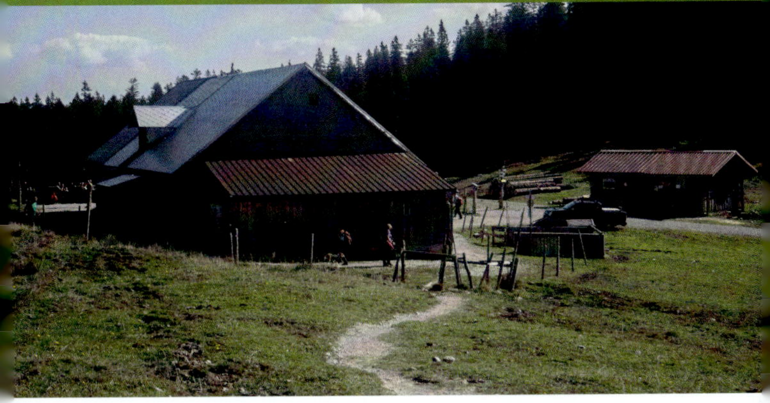

Aufgrund der Nähe zu München ist der Jochberg ein beliebtes und stark begangenes Ausflugsziel. Die Jocheralm liegt etwa 200 Hm unterhalb des Gipfels in einem ebenen Almgelände. Sie wird weniger als der Gipfel besucht und bietet hofeigene und regionale Spezialitäten. Über die Sommermonate ist zudem Almbetrieb. Wenn noch oder wieder Kräfte vorhanden sind, lohnt der Gipfelanstieg auf jeden Fall, da die Alm selbst nur einen kleinen Teil des vom Gipfel sichtbaren Panoramas bietet.

Wetter: Anforderung: Gesamtdauer: 3 ½ h

Anforderung: Mittel–schwer; 520 Hm; meist steiler bis mäßig steiler Steig, der Trittsicherheit erfordert. Gipfelanstieg weitere 180 Hm.

Dauer: Auf- und Abstieg je 1 ¾ h; 3,3 km; Gipfelanstieg weitere 30 min; 1 km.

Wetter: Trockenes Wanderwetter, Weg liegt größtenteils im Wald.

Gehende Kinder:	Kinder, die nicht mehr getragen werden können, benötigen für diese Tour gute Kondition und Trittsicherheit. Nach etwa zwei Drittel des Weges ist ein Brunnen, der zur Rast einlädt und an dem Kinder etwas plantschen können; etwas abseits der Alm gibt es eine Schaukel. Das Highlight ist aber eher die weite freie Almfläche, die zum Spielen und Toben einlädt.
Kinderwagen:	Vom Parkplatz Kesselberg ist diese Tour mit Kinderwagen nicht geeignet. Alternativ gibt es eine Forststraße vom Walchensee, etwa 500 m vor der kleinen Ortschaft Sachenbach. Parken muss man allerdings am Wanderparkplatz vor Urfeld oder in Urfeld selbst. Gesamtdistanz dieser Tour etwa 5–6 km.
Knieschonender Abstieg:	Forststraße nach Sachenbach; von dort entlang des Walchensees nach Urfeld und die Hauptstraße entlang hinauf zum Parkplatz; Gesamtdistanz etwa 5–6 km.

Navi: D-82431 Kochel am See, Kesselbergstraße 7.

Anfahrt: A95 Richtung Garmisch-Partenkirchen, Ausfahrt 10 – Murnau/Kochel am See. Links nach Kochel am See fahren. In der Ortschaft rechts auf die B11 abbiegen. Am See vorbei und in Serpentinen den Kesselberg hinauf. Kurz nach der Passhöhe (mit Schild kenntlich gemacht) befindet sich in einer Rechtskurve rechts der Parkplatz.

Bus/Bahn: Bahn nach Kochel am See, dann Bus Richtung Garmisch, Hst. Kesselberg Passhöhe. Von Hst. Kesselberg Passhöhe in Fahrtrichtung weitergehen; nach ca. 50 m beginnt der Steig auf der gegenüberliegenden Straßenseite.

Ausgangspunkt: Wanderparkplatz Kesselberg, gebührenfrei.

Infos/Gaststätten: *Jocheralm, Tel. 0157 34345838, www.jocheralm.de, bewirtschaftet Frühsommer bis Herbst (auf der Website nachzulesen); Montag Ruhetag.

Wegbeschreibung: Direkt gegenüber dem Wanderparkplatz auf der anderen Straßenseite der Kesselbergstraße beginnt der beschilderte Steig mit ein paar Stufen in den Wald hinein. Am Beginn geht es recht steil in Serpentinen durch den Wald hinauf, später wird es gemütlicher. Nach etwa einer Stunde Aufstieg gelangt man an eine Art Sattel und der Weg führt nach rechts breit und über einige Stufen weiter steil bergauf.

Nach weiteren 10 Minuten hat man den Anstieg fast geschafft und es teilt sich der Weg. Links geht es in etwa einer ¾ Stunde zum Jochberggipfel hinauf (von hier noch etwa 240 Hm). Rechts geht es nur mehr leicht ansteigend in nicht ganz 30 Minuten und 60 Hm zur Jocheralm.

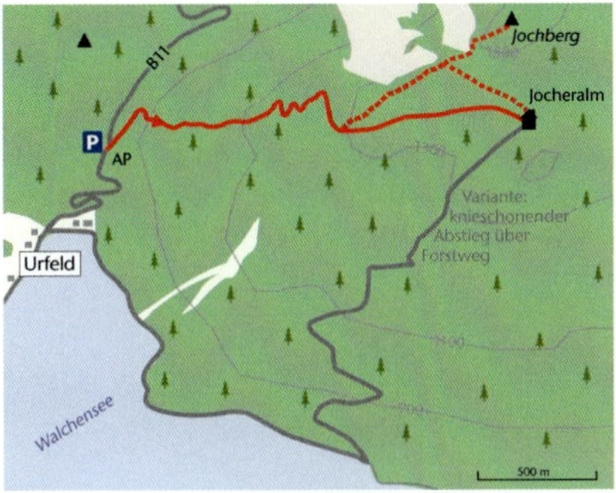

Je nachdem, ob euer Kind schläft und ob ihr noch genügend Kondition habt, kann der Gipfelanstieg gleich mitgenommen werden. Aber auch von der Alm führt ein direkter Weg (gut beschildert) auf den Gipfel, die reine Gehzeit ist in diesem Fall um ca. ¼ Stunde länger.

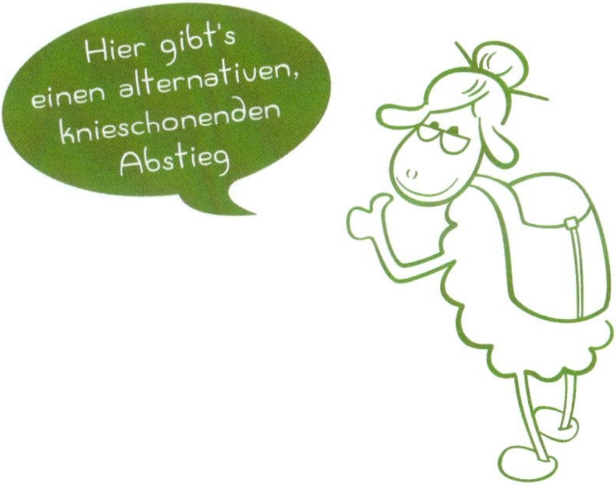

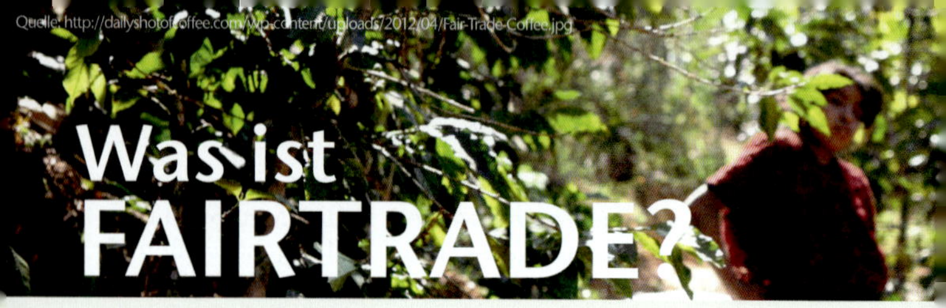

Quelle: http://dailyshotofcoffee.com/wp-content/uploads/2012/04/Fair-Trade-Coffee.jpg

Was ist FAIRTRADE?

FAIRTRADE ist ein Verein zur Förderung des FAIREN Handels mit dem Süden. Nur wer sich an die strengen Auflagen hält, darf das FAIRTRADE-Siegel verwenden. Mitglieder des Vereins sind u.a.: Caritas, Katholische Jugendschaft, Evangelische Jugend, Grüne Bildungswerkstatt, Österr. Hochschülerschaft, PfadfinderInnen Österreichs, WWF-World Wide Fund for Nature und viele mehr.

WOFÜR STEHT DIESES FAIRTRADE-SIEGEL?

- Direkter Handel mit den ProduzentInnen und KleinbäuerInnen unter Ausschaltung der lokalen Zwischenhändler
- Dadurch FAIRE Preise für die ProduzentInnen & kontrollierter Warenfluss nach Europa
- Prämie für soziale & ökologische Entwicklung
- Gesetzliche Mindestlöhne & arbeitsrechtliche Mindeststandards
- Verbot von Kinderarbeit und sklavenähnlicher Zwangsarbeit
- Naturnahe & nachhaltige Anbaumethoden sowie Schutz des Regenwaldes
- Schutz natürlicher Gewässer & des Trinkwassers

Fairtrade
W.: www.fairtrade.net
W.: www.fairtrade.de
W.: www.fairtrade.at

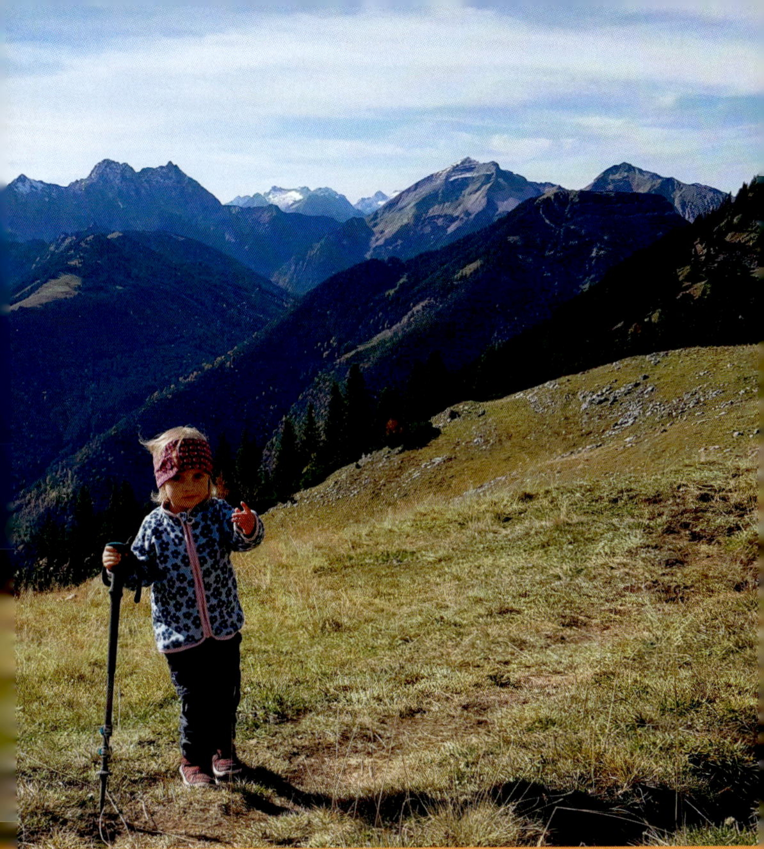

II. Tölzer Eck

11 Tölzer Hütte (1.825 m)

Hinterriß: anstrengend, aber grandiose Karwendelsicht

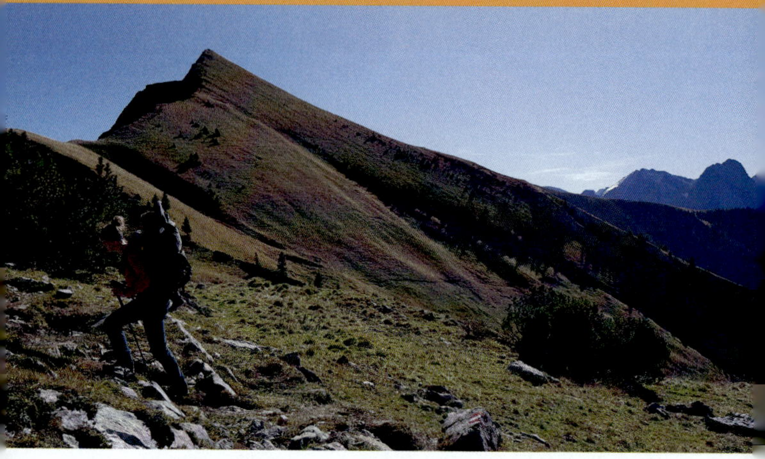

Eine Rundtour auf die wunderschön gelegene Tölzer Hütte. Allerdings haben es Auf- und Abstieg ziemlich in sich. Durchgehend geht es auf einem (felsigen) Steig zum Teil steil und unwegsam den Berg hinauf. Auch beim Abstieg merkt man am Ende deutlich in den Beinen, was man geleistet hat. Für so eine Aussicht nimmt man diese sportliche Herausforderung aber gerne in Kauf.

Wetter: ◑ Anforderung: ● Gesamtdauer: 4 ½ h

Anforderung:	Schwer; 930 Hm; z. T. steile, geröllige Steigung, Bergerfahrung notwendig; 100 % Steig.
Dauer:	Aufstieg: 2 ½ h; Abstieg: 2 h; gesamt 11 km.
Wetter:	Stabiles, trockenes Wanderwetter.

Gehende Kinder:	Die Hütte empfiehlt den Zustieg für gehende Kinder ab 8 Jahren, aufgrund der Länge und Höhenmeter würden wir jedoch noch Bergerfahrung und eine hohe Gehfreudigkeit dazunehmen. Auf der großen Sonnenterrasse gibt's viel Platz zum Austoben außerdem steht eine Klimmzugstange zum Spielen bereit. Auf der Homepage gibt es eine Aufstiegsrallye zum Download.
Kinderwagen:	Nein.
Knieschonender Abstieg:	Nein.

Navi: A-6215 Hinterriß, Kaiserhütte 1a (800 m weiter Wanderparkplatz „Leckbachweg" auf der linken Seite).

Anfahrt: Von München kommend A8 Ausfahrt Holzkirchen. B13 Richtung Bad Tölz, weiter über Lenggries und Sylvenstein-Stausee. In Vorderriß links halten Richtung Hinterriß. Ca. 800 m nach der Kaiserhütte nächster Wanderparkplatz „Leckbachweg" auf der linken Seite.

Bus/Bahn: Von München Hbf. mit der BOB bis Lenggries, von dort RVO-Bus 9569 („Bergsteigerbus", verkehrt nur ca. Mai–Oktober) durchs Rißtal Hst. „Aufstieg Tölzer Hütte".

Ausgangspunkt/P: Wanderparkplatz „Leckbachweg".

Infos/Gaststätten: *Tölzer Hütte, Tel. +43 6641 801790, www.toelzer-huette.at, Mitte Mai–Mitte Okt., kein Ruhetag.

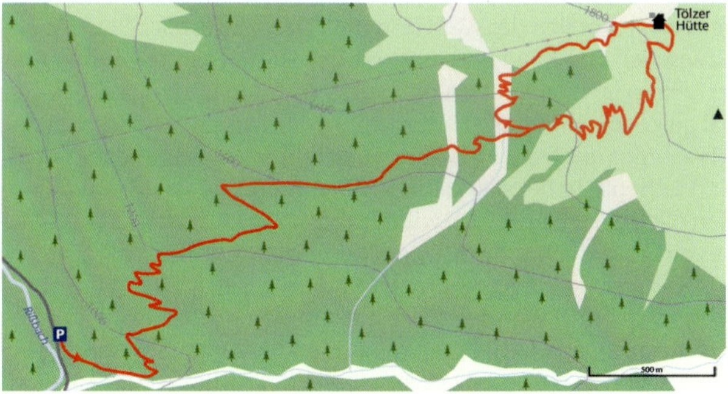

Wegbeschreibung: Direkt am kleinen Wanderparkplatz geht es zum Warmlaufen ein kleines Stück einen Forstweg leicht aufwärts, kurze Zeit später startet aber schon linker Hand direkt der Steig Richtung Tölzer Hütte. So geht es ab sofort erst auf Waldpfaden und später auch zum Teil über größere Steinstufen bergauf. Nach ca. 1,5 Std. teilt sich der Weg. Das Schild überlässt den Wanderinnen selbst die Entscheidung, denn beide Wege führen auf die Tölzer Hütte. Es handelt sich um einen Rundweg, der an dieser Stelle wieder zusammenkommt. Wir empfehlen den linken Weg zu nehmen, weil dieser zwar weiterhin recht steil, steinig und alpin, aber mit der Kraxe im Endeffekt einfacher im Auf- wie im Abstieg ist. Nach einiger Zeit lichtet sich der Wald und die Tölzer Hütte blickt vor uns am Berg zwischen den Bäumen hindurch. Die letzten Kräfte werden mobilisiert, ein paar Steinplatten noch überwunden und dann ist es erst einmal geschafft. Hinter der Hütte throhnt der wunderschöne, aber unseres Erachtens mit Tragekind doch zu gefährlich zu begehende Schafreuter. Für heute haben wir genug Höhenmeter gemacht. Und diese müssen nach einer Pause auch wieder abgestiegen werden. Dieses Mal geht es direkt am Joch vor uns, über Wiesenpfade im Zickzack, zum Teil auch etwas steil den Berg hinunter. Mit dem zusätzlichen Trage- oder Kraxengewicht sind Wanderstöcke absolut von Vorteil. Dann wird es auch hier noch einmal etwas felsig, bis die Kreuzung vom Aufstieg erreicht wird. Von dort an geht es denselben Pfad zurück wie im Aufstieg.

12 Tutzinger Hütte (1327 m)

Benediktbeuern: auf direktem Weg zum Fuße der Benediktenwand ck

Ein wunderschönes und imposantes Ziel. Die Hütte liegt direkt am Fuße der Benediktenwand. Die Lage zeichnet sich daher weniger durch schöne Ausblicke ins Tal als durch den Anblick dieser bekannten Wand aus. Nicht nur für Kinder interessant ist das Beobachten und Mitfiebern mit den KletterInnen direkt von der Terrasse aus. Bevor man sich aber die Pause hier oben verdient hat, muss man selbst einige anstrengende Höhenmeter auf sich nehmen. Der Aufstieg ist aber sehr abwechslungsreich, grobe und steile Stellen können z.T. auch über einen Forstweg umgangen werden.

Wetter: ◐ Anforderung: ● Gesamtdauer: 5 ½ h

Anforderung: Schwer aufgrund der Länge; 760 Hm; z.T. starke Steigung; 60 % Forst-, 30 % Wanderweg, 10 % Steig.

Dauer: Aufstieg: 3 h; Abstieg: 2 ½ h; RW gesamt 17 km.

Wetter: Klassisches Wanderwetter. Im Frühjahr Schneelage checken. Nach längerem Regen könnte es sehr schlammig und rutschig sein.

Gehende Kinder:	Aufgrund der Länge und Höhe nur für ältere, sehr gehfreudige Kinder. Beim Aufstieg gibt es einen Waldlehr- und beim Abstieg einen Wildbachlehrpfad. Außerdem begleiten uns sowohl bergauf als auch bergab immer wieder Bäche. Der Aufstieg geht zum Teil über eine Kuhweide.
Kinderwagen:	Nein.
Knieschonender Abstieg:	Bedingt.

Navi: D-83671 Benediktbeuern, Wurzweg, Wanderparkplatz direkt im Wurzweg.

Anfahrt: Von München kommend A95 Ausfahrt Sindelsdorf. B472 und B11 Richtung Benediktbeuern. Im Ort Dorfstraße folgen, links abbiegen auf Mariabrunnweg Richtung Teilort Gschwendt. Am Ende der Straße leicht rechts direkt in den Wurzweg.

Bus/Bahn: München Hbf. mit dem Zug nach Benediktbeuern. Zu Fuß ca. 30 Minuten zum Start „Wurzelweg".

Ausgangspunkt/P: Wanderparkplatz am Wurzweg. Alternativ Parkplatz an der Häusernstraße, gleich gegenüber.

Infos/Gaststätten: *Tutzinger Hütte, 08857 8992765, www.tutzinger-huette.de, Anfang/Ende April bis Anfang Oktober sowie Weihnachtsferien geöffnet, kein Ruhetag.

Wegbeschreibung: Der Weg, den wir für den Aufstieg wählen, startet kurz nach dem Parkplatz. Es geht zuerst rechts auf einer Asphaltstraße (Wurzweg) Richtung Kohlstatt Alm (Weg Nr. 455), der Weg führt an ein paar Häusern vorbei, bevor er in einen kleineren Wanderweg übergeht. An einer etwas größeren Kreuzung bergauf Richtung Tutzinger Hütte abzweigen. Der ausgeschilderte Wanderpfad (u.a. auch ein Waldlehrpfad) kürzt immer wieder den Forstweg ab, welcher sich etwas gemütlicher den Berg hinauf schlängelt. Nach Passieren der unbewirtschafteten Kohlstatt-Alm und einem Brunnen biegt nach

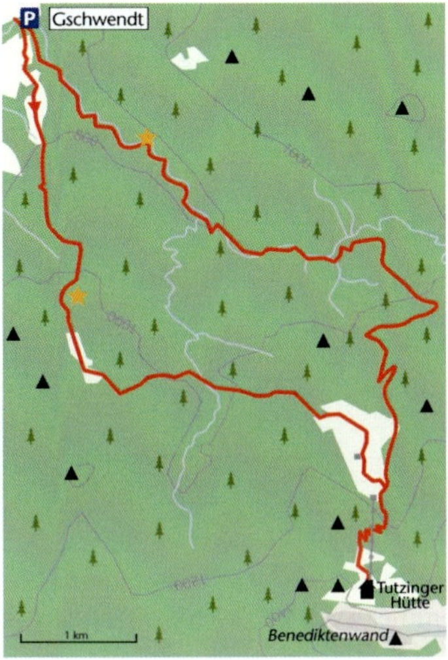

ca. 300 m der Wanderweg links in eine Klause hinunter. Nach einem Stück bergab geht es idyllisch an einem Bachlauf entlang wieder weiter bergauf. Der Pfad mündet erneut am Forstweg an der privaten Eibelsfleckhütte. Hinter dem Haus biegt der Pfad rechts ab. Während wir über die offene Weide gehen, schauen uns neugierige Jungrinder hinterher. Ein letztes Mal wird die Forststraße gequert, bevor es dann in den letzten steilen Steig kreuz und quer durch den Wald zur Tutzinger Hütte geht. Da hier auch die Fahrstraße endet, begleitet uns der Lastentransport beim restlichen Aufstieg. Endlich, Ziel erreicht! Die Hütte hat eine tolle Terrasse mit Blick auf die Benediktenwand und genügend Platz für Kinder zum Austoben. Auf dem Steig starten wir auch erst einmal wieder bergab. Aber statt zurück auf die Weide abzubiegen, geht es nun gemütlicher den Forstweg entlang zurück. Achtung, nach einer scharfen Linkskurve an der Kreuzung rechts abbiegen (Lainbachtal – Weg 456) und weiterhin immer dem Forstweg folgen. Abzweigungen ignorieren und immer weiter auf dem Weg Richtung Lainbachtal/Benediktbeuern bleiben, der kurzzeitig von einem Forstweg in einen Wanderweg übergeht, bevor dieser an einem Wehr im Lainbachtal endet. Ab hier heißt es nur noch die letzten vier Kilometer das Lainbachtail relativ eben bis zum Ausgangspunkt hinaus marschieren. Ein Wildbachlehrpfad sorgt dabei für spannende Informationen und Abwechslung.

13 Brauneck Gipfelhaus (1480 m)

Lenggries: Panaromaweg mit Gondelunterstützung

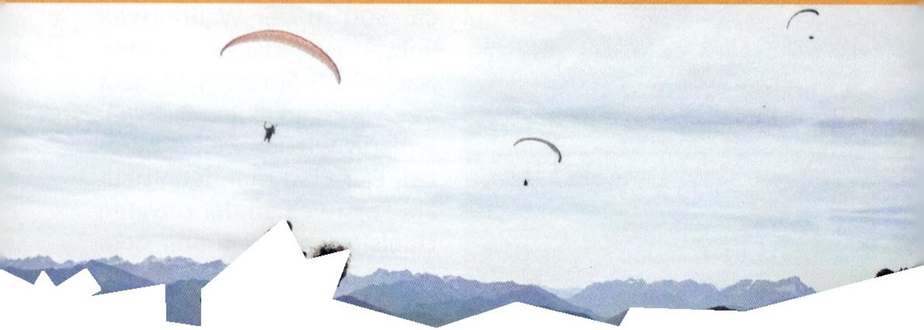

Das Brauneck, der Lenggrieser Hausberg, ist vielen als Schigebiet im Winter bekannt. Aber auch im Sommer ist es ein beliebtes Wandergebiet, dem man den winterlichen Schitrubel nur wenig anmerkt. Oben angelangt erschließen sich viele Wandermöglichkeiten unterschiedlichster Länge mit guten Einkehrmöglichkeiten. Sicherlich ist man hier nicht alleine. Doch als gemütliche Alternative, ein wenig Bergluft zu schnuppern, ist das Brauneck durchaus zu empfehlen. Wegen der Bergbahn ist das Brauneck auch sehr beliebt bei Drachen- und Gleitschirmfliegerinnen. Ihnen beim Start zu sehen ist für die meisten Kinder echt spannend.

Wetter: ☐ ☐ ○   Anforderung: ● ●   Gesamtdauer: 1 h

Anforderung: Leicht–mittel; 70 Hm; größtenteils breiter Wanderweg mit kurzen, steilen Passagen und im hinteren Teil kurzer, mäßig steiler, jedoch nicht ausgesetzter Steig.

Dauer: RW 1 h; 1,5 km; Auf- und Abstieg mit der Bahn.

Wetter: Trockenes und nicht zu heißes Wanderwetter, entlang des Wegs kein Schatten.

Gehende Kinder:	Sehr gut geeignet. Im hinteren Teil gut Acht geben und Kinder an die Hand nehmen.
Kinderwagen:	Der beschriebene Rundweg ist mit Kinderwagen nicht möglich. Ein breiter Forstweg führt jedoch von der Bergstation zur Tölzer Hütte.
Knieschonender Abstieg:	Ja, mit der Gondelbahn.

Navi: D-83661 Lenggries, Bergbahnstraße.

Anfahrt: A8 Richtung Salzburg, Ausfahrt Holzkirchen, über B13 nach Bad Tölz und weiter nach Lenggries. In Lenggries Ausfahrt Richtung Lenggries/Wegscheid/ Brauneck nehmen. Rechts abbiegen auf die Isarbrücke und im Kreisverkehr die dritte Ausfahrt (Wegscheider Staße, später Bergbahnstr.) nehmen. Der Parkplatz befindet sich nach ca. 1,4 km auf der linken Seite.

Bus/Bahn: Von München Hbf. mit BOB nach Lenggries; umsteigen in Bus Richtung ZOB Bad Tölz; Hst. Brauneckbahn; Hst. liegt ca. 100 m von der Bergbahn entfernt.

Ausgangspunkt: Parkplatz Talstation Brauneckbahn, gebührenfrei.

Infos/Gaststätten: *Panoramarestaurant Brauneck, Tel. +49 8042 501250, www.panoramarestaurant-brauneck.de, bewirtet täglich außer zur Revision der Bergbahn in Frühjahr und Herbst. *Brauneck Gipfelhaus, Tel. +49 8042 8786, www.brauneck-gipfelhaus.de, Dienstag und Mittwoch Ruhetag. *Tölzer Hütte, Tel. +49 8042 8732, www.tölzerhütte.de, Ruhetag nur bei schlechtem Wetter, nur Barzahlung möglich. *Brauneckbahn, www.brauneck-bergbahn.de, Richtpreis Berg- und Talfahrt € 21/Erw., Kinder bis 6 Jahre frei, von 6–15 Jahren halber Preis.

Wegbeschreibung: Von der Bergstation der Brauneck-Bergbahn startet der kleine Höhenweg, der mit der Nummer 2 beschriftet, aber nicht immer eindeutig beschildert ist. Zunächst geht es rechts auf einem breiteren steinigen Weg in Serpentinen hinauf zum Brauneckgipfel. Von dort links halten und oberhalb des Brauneck-Gipfelhauses und des Wiesenhangs, der als Starthang für Gleitschirmfliegerinnen genutzt wird, dem fast ebenen Weg folgen. Danach geht es etwas bergab und man gelangt an eine

Rastbank unterhalb des Schrödelsteins. Hier sind Felsblöcke, auf denen ein bisserl herumgekraxelt werden kann. Hier verlässt man den breiten Wanderweg und biegt rechts auf einen Steig ab, der teilweise steil und wurzelig unterhalb des Schödelsteins vorbeiführt und nach wenigen Minuten wieder auf einen breiteren Wanderweg mündet. Dem Wanderweg nach links folgen, der bald auf den breiten Forstweg mündet. Diesen nach links zurück zur Bergstation wandern.

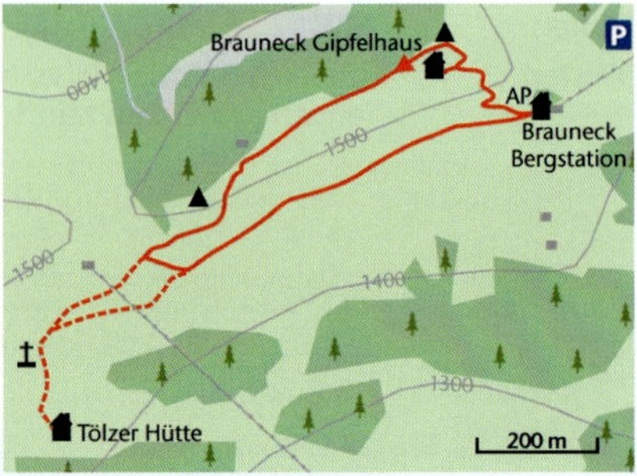

Alternativ kann man vom Steig unterhalb des Schrödelsteigs geradeaus weiter zur Tölzer Hütte wandern und von dort den Forstweg zurück zur Bergbahn gehen. Dies verlängert den Rundweg um etwa 800 m.

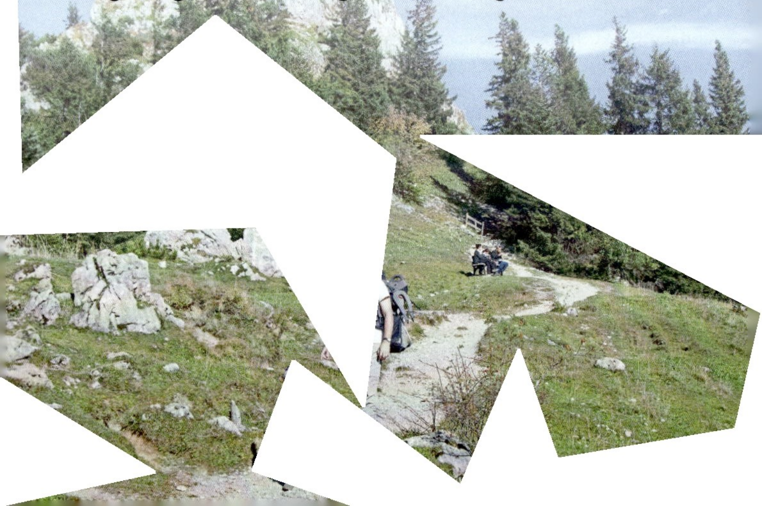

14 Schnaiter Alm alias Schnoader Alm

Bad Tölz: Zwieseltour auf weniger frequentiertem Weg

ab

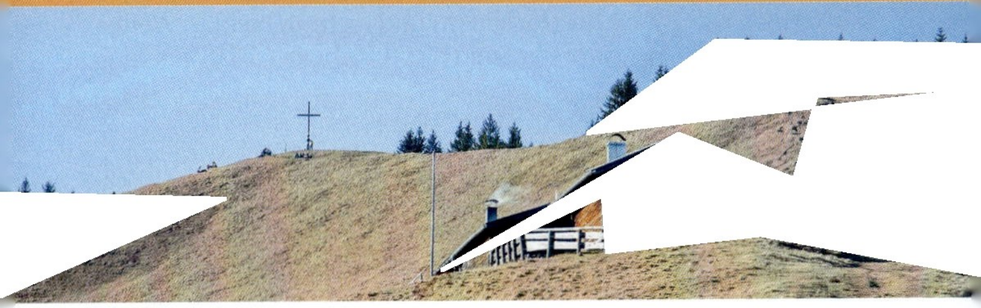

Die Schnaiter Alm ist ein lohnenswertes Ziel, das aber durchaus Kondition erfordert. Der kurze Aufstieg zum Zwieselgipfel lohnt sich allemal. Auf sonnigen Rastbänken kann man dort die noch etwas schönere Aussicht genießen. Der Aufstieg führt in mäßig steilen bis steilen Serpentinen durch Bergwald und Wiesenhänge, die schon während des Aufstiegs sehr schöne Ausblicke über das Isartal südlich von Bad Tölz ermöglichen. Rastmöglichkeiten gibt es entlang des Weges unten am Bach oder an flachen Stellen auf den Bergwiesen unter alten Baumbeständen. Die urige Alm bietet selbstgemachten Kuchen und Getränke. Das Blomberghaus, das neben Gastronomie allerlei Unterhaltung für große und kleine Kinder bietet, ist in etwa 30 Min. auf fast ebenem Weg erreichbar. Von dort führt ein teilweise steiler und schottriger Forstweg wieder zurück zum Ausgangspunkt.

Wetter: ◑ Anforderung: ● Gesamtdauer: 3 ¼ h

Anforderung:	Schwer; 500 Hm; nach einem flachen Forstweg durchweg steiler Anstieg über einen lehmigen, steinigen und wurzelreichen Wald- und Wiesensteig (Rutschgefahr bei Nässe!).
Dauer:	RW: Aufstieg Schnaiter Alm ca. 1 ½ h, Gipfelanstieg weitere ¼ h, Übergang zum Blomberghaus ca. ¼–½ h, Abstieg vom Blomberghaus ca. 1 h; 9 km.

Wetter:	Nur bei trockenem und nicht zu heißem Wetter ratsam; der Steig bietet nicht viel Schatten.
Gehende Kinder:	Zu Beginn führt der Weg entlang eines Baches, zu dem immer wieder Zutritt gewährt ist und schöne Plantsch-/Spielmöglichkeiten für Kinder bietet; Rastmöglichkeiten entlang des Steigs gibt es nur unter vereinzelten alten Baumbeständen auf den oberen Bergwiesen; oben auf der Alm ist im Sommer Weidebetrieb; das Blomberghaus bietet allerlei Vergnügen inkl. Spielplatz, einen Hochseilgarten, einen Entdeckerpfad, einen Kunstwanderweg sowie einen sportkinesiologischen Trainingszirkel (für noch nicht ausgelastete Begleitpersonen ;-)).
Kinderwagen:	Für Kinderwagen ist diese Tour nicht geeignet, da auch die Forstwege zum Teil recht unwegsam, schottrig und sehr steil sind.
Knieschonender Abstieg:	Leider nein; der Abstieg bei allen Varianten ist zumindest abschnittsweise sehr steil und somit eher nichts für schwache Knie. Am besten ist noch der alternative Forstweg des Aufstiegs geeignet.

Navi: D-83646 Wackersberg, Lehen 14 (ggf. sagt das Navi bereits zu Beginn der Straße, dass das Ziel erreicht sei. In diesem Fall der Straße weiter folgen und bei der T-Kreuzung rechts abbiegen, bis links ein Wanderparkplatz und rechts oberhalb die WaldherrAlm zu sehen sind).

Anfahrt: A95 Richtung Garmisch, Ausfahrt 6 – Wolfratshausen/Geretsried. Links Richtung Wolfratshausen und weiter bis Bad Tölz. Im Zentrum von Bad Tölz rechts in die Badstraße und nach etwa 200 m wieder rechts in die Wackersberger Straße abbiegen; im Ort Wackersberg rechts in die Lehenstraße abzweigen und bei der folgenden T-Kreuzung rechts halten.

Bus/Bahn: Nächstgelegene Hst. ist Steinach MAN Wackersberg und liegt knapp 2 km vom Ausgangspunkt entfernt; von München Hbf. mit dem Zug nach Bad Tölz, von dort den Bus Richtung Lenggries nehmen.

Ausgangspunkt: Wanderparkplatz unterhalb der WaldherrAlm; gebührenfrei.

Infos/Gaststätten: *WaldherrAlm, Tel. 08041 9520, www.waldherralm.de, Ruhetag: Mo und Di (außer an Feiertagen). *Die Schnaiter Alm, bewirtschaftet Mitte Mai–Mitte Oktober. *Berggasthof Blomberghaus, Tel. 08041 6436, www.blomberghaus.de, täglich geöffnet.

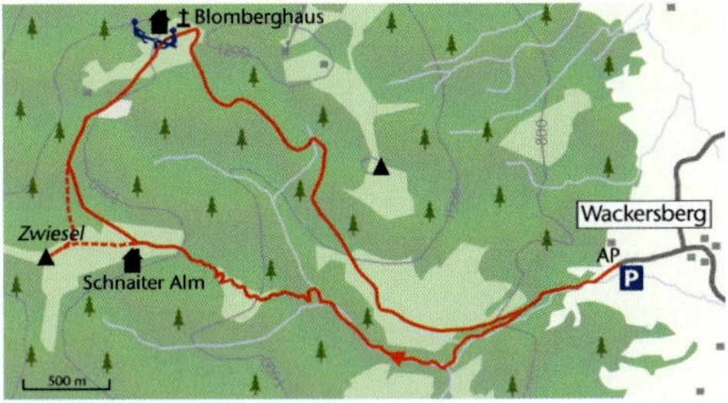

Wegbeschreibung: Vom Wanderparkplatz lässt man den Abzweiger zur WaldherrAlm rechts liegen und folgt dem Forstweg entlang des Baches flussaufwärts Richtung Süd-West in den Wald hinein. Nach ca. 800 m an einer Weggabelung links halten und der Beschilderung „Über Schnoader Alm zum Zwiesel" folgen. Dieser mäßig steile Forstweg führt entlang des Baches, bis nach ca. 1,5 km rechts ein beschilderter Weg Richtung Zwiesel abzweigt. Nach etwa 20 m links den Steig über den Bach nehmen, der erst über eine kurze Metallleiter, dann in steilen Serpentinen hinaufführt. Im weiteren Verlauf folgt man dem gut mit weiß-rot-weißen Markierungen gekennzeichneten Steig, der zunächst durch lichten Wald, später über Wiesen und Farnhänge hinauf führt. Von der Alm führt ein gut sichtbarer, lehmiger Wiesensteig in etwa ¼ h zum Gipfel. Für den Abstieg geht es vom Gipfel zunächst etwa 100 m zurück in Richtung Schnaiter Alm. Bevor es steiler bergab geht, führt links ein Steig hinunter in Richtung Blomberghaus. Der Weg kommt nach ca. 10 Min. mit dem direkten Übergangsweg von der Schnaiter Alm zusammen, nach weiteren 10 Min. trifft er auf eine große Forststraße. Diese führt rechts in etwa 10 Min. zum Blomberghaus. Etwa 10 Min. nach dem Blomberghaus zweigt der beschilderte Weg rechts zur WaldherrAlm ab. Man folgt diesem teils steilen und schottrigen Weg hinunter und geht bei der nächsten Kreuzung mit einem Forstweg rechts. Nicht lange und es zweigt ein kleinerer Weg rechts ab (beschildert Richtung WaldherrAlm), der durch lichten Wald und später Wiesen und Weiden hinunter führt und nach der Baunalm mit dem Forstweg am Bach zusammentrifft. Dort geht es links zurück zum Parkplatz.

15 Lenggrieser Hütte (1338 m)

Lenggries: über den Grasleitensteig auf die Lenggrieser Hütte

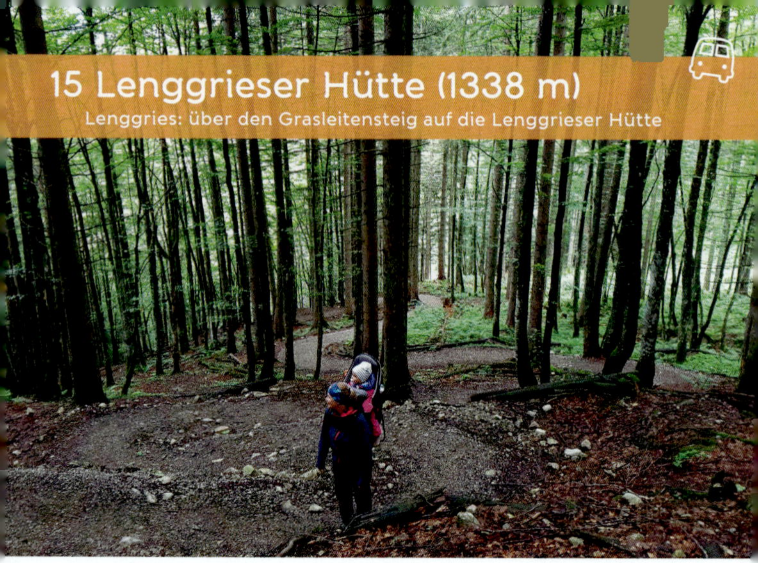

In Lenggries ist die bekanntere Seite das Brauneck, das durch die zugehörige Gondel auch viel frequentierter ist. Ein bisschen ruhiger geht es da auf dem Weg zur Lenggrieser Hütte zu. Eine schöne Rundtour über abwechslungsreiche Wald- und Wiesensteige, die aber im Aufstieg eine gewisse Trittsicherheit voraussetzen. Es gilt einige etwas höhere Wurzel- und Felsstufen zu überwinden. Mit dem Tragetuch oder der Kraxe kostet das einiges an Kraft und Koordination. Mit zusätzlichen 45 Minuten Aufstieg von der Hütte lockt das Seekarkreuz (1601 m) mit einem eindrucksvollen 360°-Rundumblick.

Wetter: Anforderung: Gesamtdauer: 3 ½ h

Anforderung: Mittel; 639 Hm; anfangs moderate Steigung, der Steig ist aber zum Teil etwas steil und steinig, Abstieg im Zickzack über breiten Waldweg. Forstweg zum Parkplatz zieht sich etwas in die Länge.

Dauer:	Aufstieg 2 h; Abstieg 1 ½ h; RW gesamt ca. 10 km; Gipfel zusätzlich ca ¾ h.
Wetter:	Frühling bis Herbst. Trockenes Wanderwetter, etwas rutschig und matschig nach längerem Regen.

Gehende Kinder:	Nur für sehr sichere, ausdauernde Kinder. An der Hütte steht ein großes Trampolin, der Wald direkt neben der Hütte lädt zum Spielen ein. Bei gutem Wetter laufen die Hühner frei herum. Beim Abstieg wandert man im unteren Teil an einem Bach entlang und kurz vor dem Parkplatz kann man Pferde auf dem dazugehörigen Hof beobachten.
Kinderwagen:	Nein.
Knieschonender Abstieg:	Bedingt (Abstieg über langen Forstweg).

Navi: D-83661 Lenggries, Hohenburgstraße 9.

Anfahrt: Von München kommend A8 Ausfahrt Tegernsee oder über A95 Ausfahrt Wolfratshausen. Richtung Bad Tölz und weiter nach Lenggries.

Bus/Bahn: Mit der BOB von München Hauptbahnhof bis Lenggries Bahnhof. Von dort in ca. 25 Minuten zum Ausgangspunkt Parkplatz Mühlbach.

Ausgangspunkt: Kostenpflichtiger Parkplatz am Mühlbach (Richtpreis € 2).

Infos/Gaststätten: *Lenggrieser Hütte, Trampolin, Tel. 08042 5633096, www.lenggrieserhuette.de, ganzjährig geöffnet, Ruhetag: Dienstag.

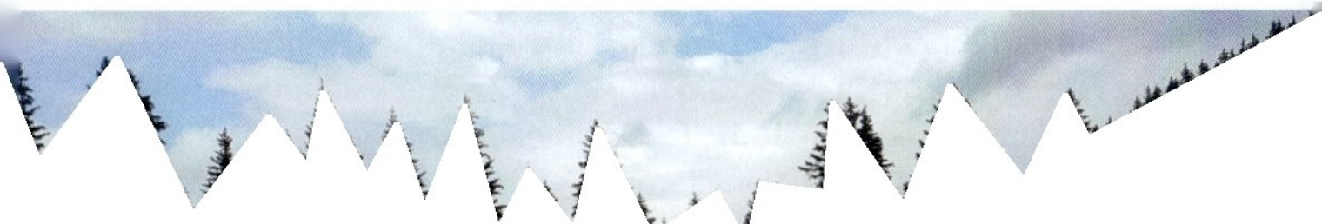

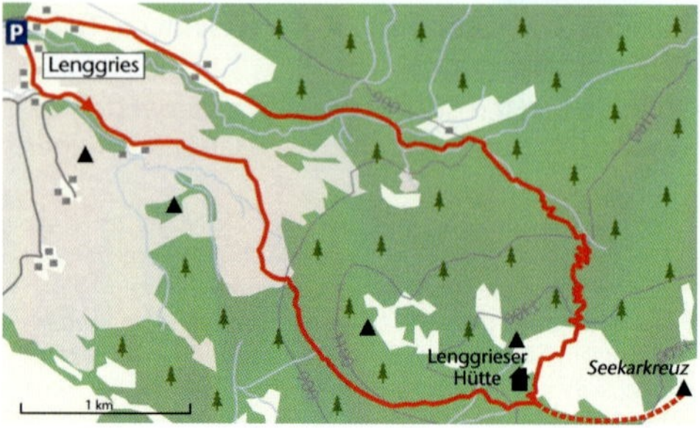

Wegbeschreibung:
Vom Parkplatz rechts über den Mühlbach, vorbei an einigen Häusern der Asphaltstraße folgen (Schilder Richtung Seekar und Grasleitensteig). Vor dem „letzten“ Hof links in einen Fahrweg einbiegen und über die Weide zum ersten Mal leicht bergauf spazieren. Der Weg mündet nach einiger Zeit in den steiler werdenden Grasleitensteig, der zuerst über einen geschotterten Weg an Höhe gewinnt, bis er schließlich im Wald zum Teil richtig steil bis zur Hütte führt. Einmal unterbricht ein Forstweg für ca. 25 Minuten das „Gekraxel“. Nach insgesamt ca. zwei Stunden wird die Kreuzung erreicht, von der aus Konditionsstarke rechter Hand in ca. 45 Minuten das Seekarkreuz mit einer herrlichen Aussicht erklimmen können. Linker Hand steht ihr praktisch schon in der Hofeinfahrt zur Lenggrieser Hütte, die zur gemütlichen Rast einlädt. Bei schönem Wetter kann man wunderbar auf der Terrasse sitzen. Für den Abstieg geht es zuerst auf dem Forstweg hinter dem Haus entlang und nach kurzer Zeit an der Kuhweide links Richtung Lenggries (Sulzersteig, Hirschbachtal) in den Wald hinein. Im Zickzack schängelt sich der Weg auf der schattigen Seite ins Tal hinunter und mündet schließlich auf einem Forstweg, der sich vor allem im unteren Teil etwas in die Länge zieht. Wir empfehlen aber trotzdem diesen Weg, da die Aufstiegsroute mit Kind in der Trage oder Kraxe sehr mühsam wäre und rutschig sein könnte.

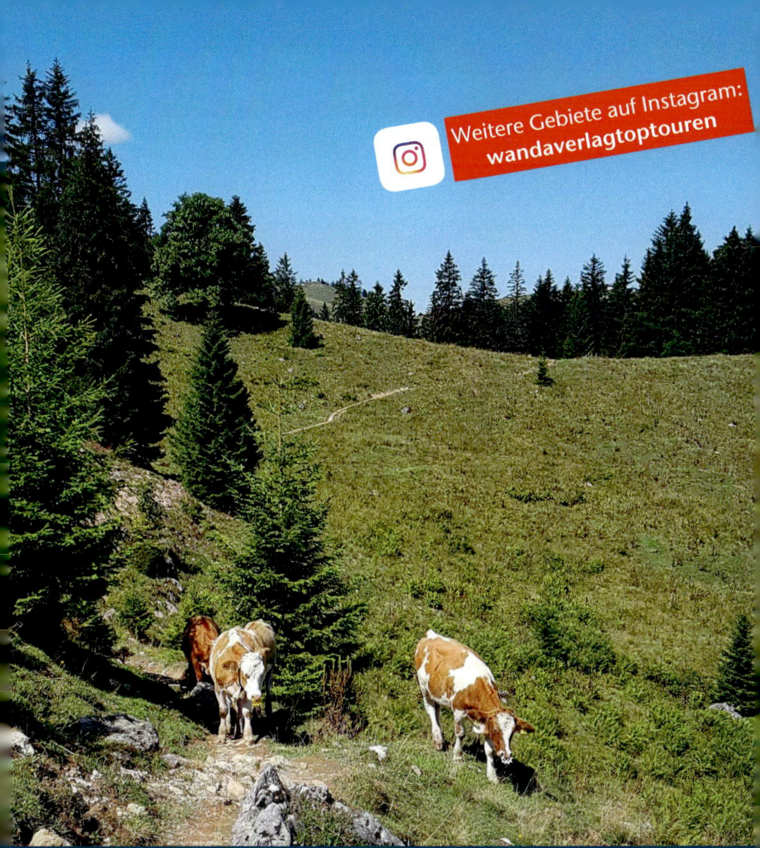

III. Tegernseer Eck

16 Buchsteinhütte (1260 m)

Kreuth: gemütliche Buchsteinhütte und alpine Tegernseer Hütte

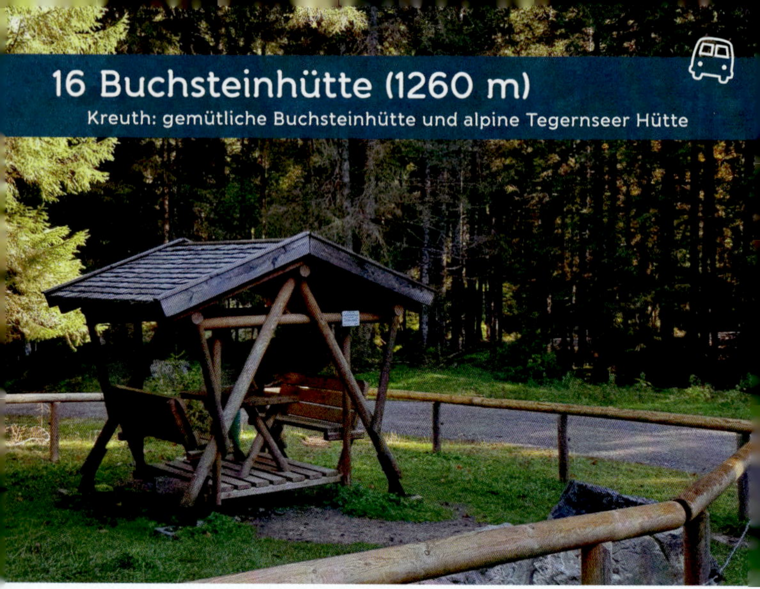

Eine Tour, die gemütlich und annähernd eben am Bach entlang startet. Für Kinder gibt es unterwegs viel Freiraum für Entdeckungen und Abenteuer. Auch der gemächliche Steig auf die Hütte kreuzt immer wieder den Forstweg und lässt keine Langeweile aufkommen. Genussmenschen werden mit der Buchsteinhütte als Ziel zufrieden sein. Konditionsstarke reizt vielleicht noch der Aufstieg auf die Tegernseer Hütte zwischen Roß- und Buchstein! Aufstieg zusätzlich ¾ Std. und 320 Hm.

Wetter: Anforderung: Gesamtdauer: 3 h

Anforderung:	Leicht; 430 Hm; moderate Steigung; Wandersteig und Forstwege.
Dauer:	Aufstieg: 1 ¾ h; Abstieg: 1 ¼ h; gesamt 10,2 km.
Wetter:	Jedes Wanderwetter, auch bei Regen oder Schnee.

Gehende Kinder:	Die ersten Kilometer werden von einem schönen Bach inkl. Wasserfall begleitet. Außerdem gibt es einen „Boden erleben"-Lehrpfad mit einigen Schautafeln und eine große Pauseschaukel. Auf der Alm gibt es viel Wald und Platz zum Spielen. Im Winter kann der Rückweg mit dem eigenen Schlitten hinunter gerodelt werden.
Kinderwagen:	Ja (in diesem Fall bis oben auf dem Forstweg bleiben).
Knieschonender Abstieg:	Ja.

Navi: D-83708 Kreuth (ca. 3 km nach Ortsausgang Richtung Achensee).

Anfahrt: Von München kommend A8 Ausfahrt Holzkirchen. B318/307 am Tegernsee vorbei Richtung Achensee. Ca. 3 km nach Kreuth rechts Wanderparkplatz „Klamm/ Winterstube".

Bus/Bahn: Mit der BOB von München Hauptbahnhof Richtung Tegernsee. Ausstieg Haltestelle Tegernsee Bahnhof. Umstieg in Bus 9559/9556 (Kreuth, Stuben) oder 9550 (Achenkirch), Ausstieg Hst. Kreuth Klamm.

Ausgangspunkt/P: Kostenpflichtiger Wanderparkplatz „Klamm/Winterstube" (Richtwert € 3).

Infos/Gaststätten: *Buchsteinhütte, Tel. 08029 2440, www.buchsteinhuette.com, ganzjährig geöffnet, Ruhetage: Sommer: Mo., Winter: Mo–Di. *Tegernseer Hütte, Tel. 08029 9979262, www.tegernseerhuette.de, durchgehend geöffnet Mitte Mai bis Anf. Nov.

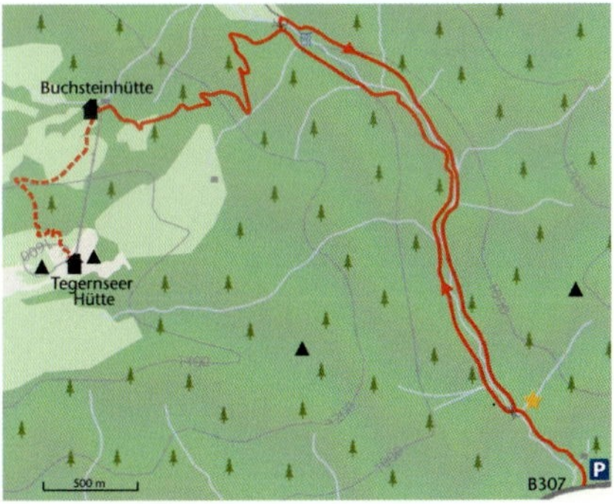

Wegbeschreibung:

Vom Parkplatz geht es für einen kurzen Moment an der Forststraße am Bach entlang, bevor es links über die Brücke Richtung Buchsteinhütte geht. Hier sind auch die Stationen 12 bis 8 des "Boden erleben"-Lehrpfades zu finden. Am Ende des Pfades ist ein Wasserfall und eine große Picknickschaukel (es ist tatsächlich eine große Schaukel, auf der man picknicken kann). Bis hier verläuft die Forststraße parallel auf der anderen Seite des Bachs, man kann also entscheiden, was einem lieber ist, bzw. Hin- und Rückweg dementsprechend abwechseln. Da bisher wenige Höhenmeter zurückgelegt wurden, geht es jetzt links den Berg hinauf. Wer möchte, geht über den z.T. leicht nassen Steig durch den Wald, wer es gemütlicher mag, den Forstweg weiter. Beide Wege treffen sich wieder, bis es links auf einem Fahrweg weiter bergauf geht. Nach einer Weile durch den Wald tauchen an einer Lichtung (mit Pausebank) die imposanten und bekannten Gipfel von Roß- und Buchstein auf. Ab hier ist es noch ein Katzensprung zur Buchsteinhütte, die sehr schön in einem Waldstück mit einem großen Außenbereich auf hungrige Wanderinnen wartet. Wer noch nicht genug hat, geht noch weiter zur Tegernseer Hütte. Aber Achtung, der Weg ist steil und steinig, die Hütte liegt sehr ausgesetzt und ist daher für kleine, schon gehende Entdeckerinnen gefährlich! Wer auf der Buchsteinhütte bleibt, geht auf demselben Weg wieder zurück wie beim Aufstieg. Für das letzte Stück kann dann für die bisher noch unentdeckten Stationen des Lehrpfads die Seite gewechselt werden.

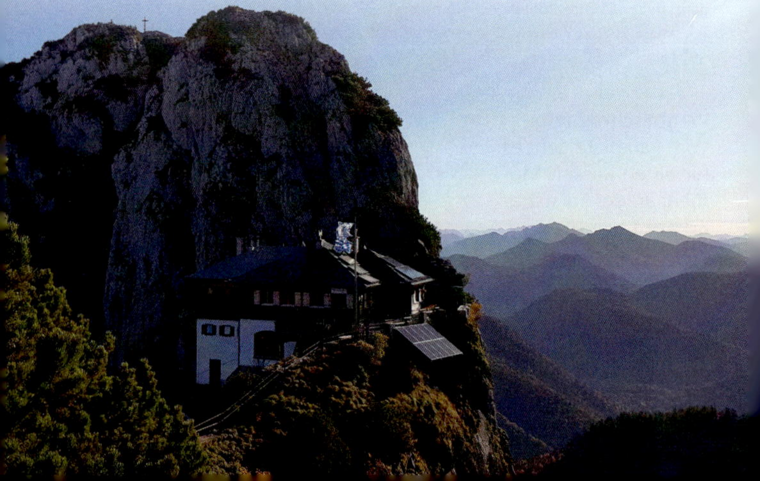

17 Hirschberghaus (1511m)

Bad Wiessee: einsame Tour auf den Hirschberg

ck

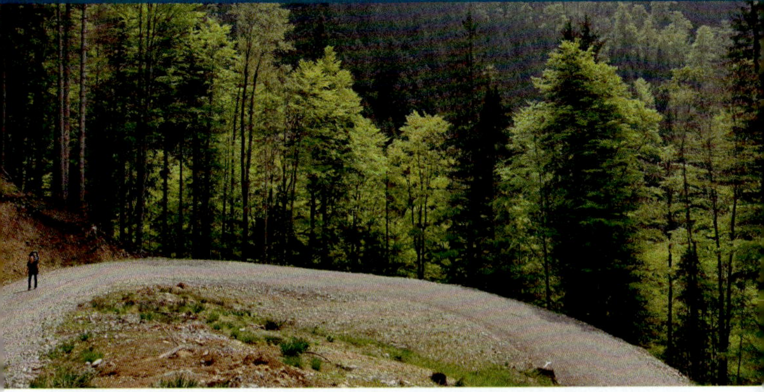

Mit 724 Höhenmetern bis zum Hirschberghaus eine etwas anstrengende Tour, die aber durch die abwechslungsreichen, z.T. märchenhaften Wege nicht langweilig wird. Nach einer Weile zweigt der Weg zum „Bauer in der Au“ ab (nicht bewirtschaftet). Zum Hirschberghaus geht es noch 2 Stunden weiter. Wer noch Puste hat, kann von dort in ca. einer halben Stunde den Gipfel (1668m) erreichen. Bei schönem Wetter gibt’s als Belohnung eine unglaublich schöne Rundumsicht auf den Tegernsee und den Alpenhauptkamm.

Wetter: Anforderung: Gesamtdauer: 4 h

Anforderung:	Schwer; 724 Hm; zuerst mäßig steiler Forstweg (ca. ⅔), danach Steig mit steilen Passagen.
Dauer:	Aufstieg: 2 ¼ h; Abstieg: 1 ¾ h; Tour gesamt ca. 13,4 km; Gipfel zusätzlich ca. ¾ h.
Wetter:	Frühsommer oder je nach Schneelage Frühlingstour, im unteren Bereich schattig. Trockenes Wanderwetter, da sonst rutschig.

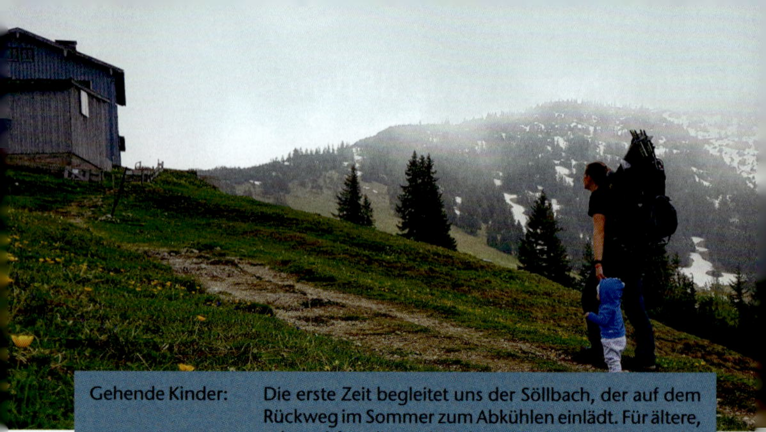

Gehende Kinder:	Die erste Zeit begleitet uns der Söllbach, der auf dem Rückweg im Sommer zum Abkühlen einlädt. Für ältere, sehr gehfreudige, trittsichere Kinder ein spannender Steig und eine schöne Übernachtungsmöglichkeit (Voranmeldung!).
Kinderwagen:	Nein.
Knieschonender Abstieg:	Nein.

Navi: D-83707 Bad Wiessee, Parkplatz Söllbach.

Anfahrt: Von München kommend A8 Ausfahrt Tegernsee Richtung Bad Wiessee. Zum Ende von Bad Wiessee hin geht's ausgeschildert rechts zum P Söllbach.

Bus/Bahn: Mit der BOB nach Gmund am Tegernsee. Dann Bus 9957 Richtung Bahnhof Tegernsee. In Bad Wiessee Haltestelle „Söllbach" aussteigen und ca. 10 min zum Ausgangspunkt (Wanderparkplatz) laufen.

Ausgangspunkt/P: Kostenpflichtiger Wanderparkplatz Söllbach (Richtpreis € 4).

Infos/Gaststätten: *Hirschberghaus, Tel. 08029 465, www.hirschberghaus.de, ganzjährig geöffnet (Achtung: variable Urlaubszeiten im Frühjahr und Spätherbst), Ruhetag: Di.

Wegbeschreibung: Das Hirschberghaus ist ab dem Parkplatz gut beschildert. Die Asphaltstraße wird nach einiger Zeit zu einer Forststraße und führt kurz nach der Brücke links Richtung „Bauer in der Au". Linker Hand erscheinen nach einem kurzen Aufstieg ein paar schöne Privathäuser und große Wiesenflächen. An der folgenden T-Kreuzung findet ihr kein Schild, hier rechts abbiegen. Kurz darauf beim Forsthaus links und an der Wildfütterung vorbei. Hier bietet sich noch eine Trinkpause an, denn nun geht es rechts am Waldrand entlang steil und anstrengend weiter. Nach nicht ganz 1 ½ Std. biegt ein schmaler Bergpfad nach rechts ab. Wenn es trocken ist, ist dieser wunderschön und man fühlt sich ein bisschen wie in einem Märchenwald, wenn man über die Wurzeln und Steine steigt. Bei Nässe kann es aber auch schnell einmal richtig matschig und rutschig werden. Also Vorsicht! Nach einer weiteren dreiviertel Stunde endet der Pfad auf einem Forstweg, dem ihr bergauf folgt. Nach kurzer Zeit endet dieser an einer Lichtung,

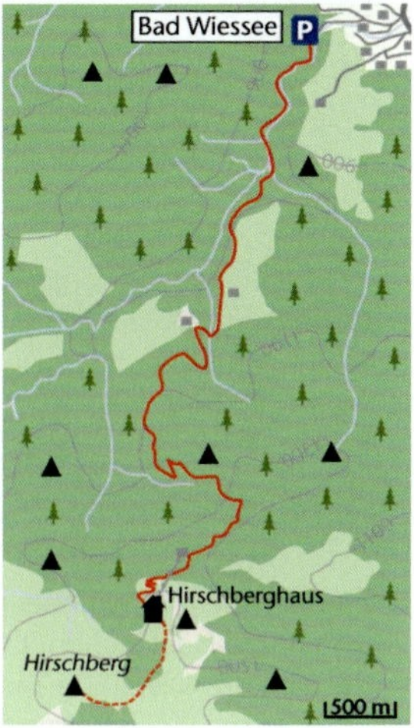

von wo aus auch die Materialseilbahn zum Hirschberghaus startet. Ab hier wird's alpin. Ein steiniger Steig (nicht ausgesetzt) schlängelt sich im Zickzack den Berg hinauf und trennt sich irgendwann in Sommer- und Winterweg. Wir folgen natürlich dem Sommerweg (der Winterweg ist steiler und zum Teil drahtseilgesichert). Achtung: Bei Schnee herrscht auf dem Sommerweg Lawinengefahr! Dann haben wir es geschafft. An einer Kuppe ist links das Hirschberghaus zu sehen. Die Kleine darf aus der Kraxe heraus und die letzten Meter an der Hand selbst über den Wiesenpfad gehen. Nach einer kurzen Rast und Stärkung auf der Sonnenterrasse entscheiden wir uns noch auf den Gipfel zu gehen. Der Weg hinauf ist mit 25 Minuten angegeben und schlängelt sich über Wiesen, Stock und Stein den Hang entlang. Im Frühsommer kann hier noch richtig viel Schnee liegen, dann sollte man unbedingt trittsicher sein. Dafür ist die Aussicht am Gipfelkreuz grandios! Der Abstieg erfolgt über die Aufstiegsroute.

18 Berggasthaus Taubenberg (896m)

Ober-Warngau: leichte Einstiegstour

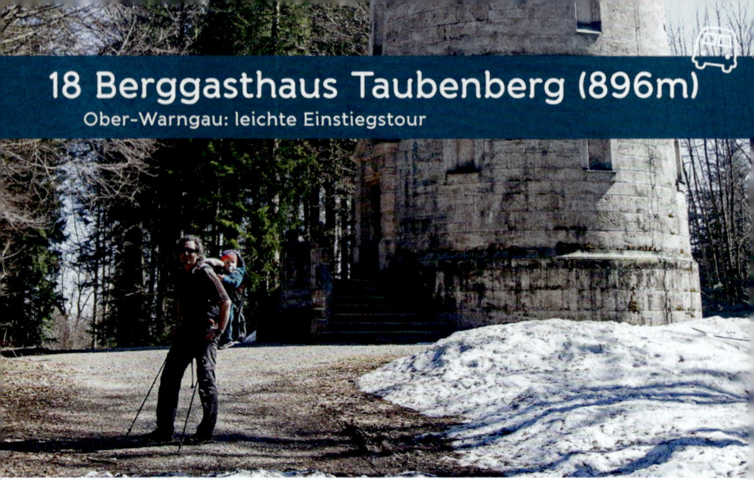

Der Taubenberg ist ein eher unscheinbar wirkender Hügel östlich von Warngau bei Holzkirchen. Etwas unterhalb des höchsten Punktes befindet sich die Gaststätte Taubenberg, die ein lohnendes Ausflugsziel mit Kindern ist. Bei schönem Wetter ist hier schon einiges los. Rund um den Gasthof gibt es einen großen Kinderspielplatz, einen Barfußweg und einladende hölzerne Liegebänke mit Ausblick in die umliegenden Berge. Auch Pferde und andere Haustiere können zu sehen sein und nicht selten spaziert der Hahn durch den Biergarten.

Wetter: Anforderung: Gesamtdauer: 1 ¾ h

Anforderung: Leicht; 170 Hm; mäßig steil; großteils abwechlungsreicher, teils wurzeliger Waldweg, abschnittsweise etwas breiterer Wander- oder Forstweg; Abstieg über Forststraße.

Dauer: Aufstieg ca. 1 h; Abstieg ca. ¾ h; gesamt 7 km.

Wetter: Für jedes Wanderwetter geeignet; Weg größtenteils im schattigen Wald. Im Winter hat die Gaststätte geschlossen, s. u. Infos.

Gehende Kinder:	Für gehende Kinder ist diese relativ kurze und nicht recht steile Tour gut zu bewältigen. Der wurzelreiche Weg ist interessant und man kann im ersten Stück die aufgestellten Spruch-Schilder zählen, die schön bemalt sind. Etwa 20 min vor dem Taubenberghaus ist ein Aussichtsturm, der erklommen werden kann. Der große Spielplatz am Gasthaus begeistert Kinder jeden Alters.
Kinderwagen:	Nur entlang des Abstiegs; in diesem Fall jedoch ein anderer Ausgangspunkt, d.h. Ende der Austraße in Warngau.
Knieschonender Abstieg:	Abstieg über die Forststraße möglich, die jedoch auch steile Passagen beinhaltet.

Navi: D-83627 Warngau, Am Bergfeld.

Anfahrt: Autobahn A8 Richtung Salzburg bis Ausfahrt Holzkirchen; Richtung Holzkirchen auf die B318 abbiegen und der Beschilderung nach Warngau folgen (hier wurde eine neue Unterführung gebaut, die manche Navis noch nicht berücksichtigen); im Ort auf der Hauptstraße bleiben, bei der Kirche links in die Taubenbergstraße und wieder links in die Lindenstraße/Am Bergfeld abbiegen.

Bus/Bahn: Von München Hbf. mit der BOB nach Holzkirchen (25 min); dort umsteigen in den Bus Richtung Miesbach; Hst. Warngau Ortsmitte. Von Hst. in Fahrtrichtung weitergehen und links in die Lindenstraße, gleich danach links in Am Bergfeld abbiegen.

Ausgangspunkt: Ausgangspunkt ist der Parkplatz des Friedhofes links an der Straße Am Bergfeld. Wenn dieser voll ist, kann auch bei der Kirche geparkt werden.

Infos/Gaststätten: *Berggasthof Taubenberg, beliebtes Ausflugsziel auch mit direkter Zufahrt, große Terrasse, etwas unterhalb befindet sich der sehr große, beliebte Spielplatz, Holzliegen, Tel. +49 8020 1705, www.taubenberg.de, nur am Wochenende und an Feiertagen geöffnet. *Gasthof zur Post in Warngau, Tel. +49 8021 296.

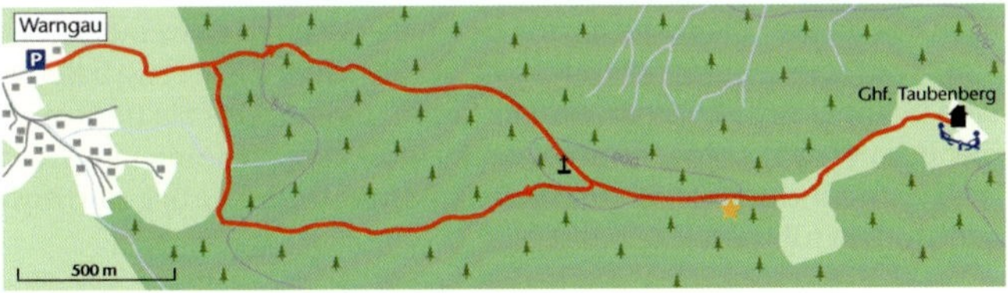

Wegbeschreibung: Vom Parkplatz die Straße Am Bergfeld vom Dorfkern weg in Richtung Wald gehen. Nach etwa 50 m wird die Straße zu einem Forstweg, nach weiteren 100 m teilt sich der Forstweg. Zuerst der Beschilderung „Wallfahrtskapelle/Taubenberg" nach rechts folgen. Im Wald sogleich der erneuten Beschilderung „Wallfahrtskapelle/Taubenberg" nach links auf einen Waldpfad folgen. Entlang dieses Weges sind selbst bemalte, hölzerene Spruch-Tafeln aufgestellt. Bei der nächsten Weggabelung links halten (keine Beschilderung) und kurz darauf bei der nächsten wieder links (beschildert Richtung „Taubenberg"). Bald darauf folgt eine Art Kreuzung ohne Beschilderung, die im rechts-links-Schlenker bergauf überquert wird. Nach ca. 15–20 Min. gelangt man an eine Rastbank und bald darauf teilt sich der Weg. Hier NICHT der Beschilderung zur Wallfahrtskapelle folgen, sondern geradeaus am Schild vorbei weitergehen. Nach etwa 100 m kommt man an drei Holzkreuzen vorbei, die im Wald aufgestellt sind und an die Golgota-Kreuze erinnern. Bald danach gelangt man an eine große T-Kreuzung, wo man wieder der Beschilderung nach links zum Taubenberg folgt. Hier ist der höchste Punkt erreicht. Der Forstweg geht eben und nach ca. 200 m zum Aussichtsturm. Der Weg führt weiter und aus dem Wald heraus. Von hier geht es aussichtsreich zunächst auf der Forststraße bergab, bis nach ca. 100 m rechts ein Pfad entlang des Waldrandes zum Gasthof Taubenberg abzweigt.

Der **Abstieg** erfolgt bis zum höchsten Punkt entlang des Aufstiegs. Dort folgt man dem Wegweiser links nach Warngau die Forststraße bergab. Kurz bevor die Forststraße aus dem Wald herauskommt, zweigt nach rechts ein kleiner Waldweg ab, der durch den Wald nach wenigen Metern bis zu einer kleiner Lichtung mit einer Bank führt. Auf etwa halbem Weg befindet sich ein Wegweiser Richtung „Oberes Urthal Rundweg". Hier dem Weg in entgegengesetzter Richtung folgen, immer im Wald am Waldesrand entlang bis zur Forststraße, die wieder zurück zum Ausgangspunkt führt.

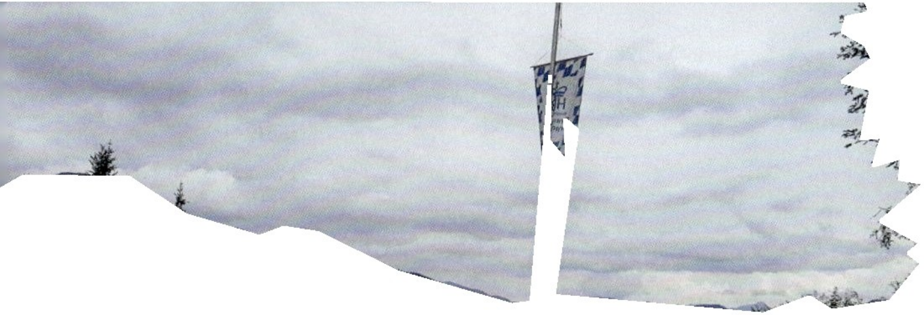

Das Berggasthaus Riederstein (auch Galaunalm) ist sehr bekannt. Es gibt viele Möglichkeiten, das Ziel zu erreichen. Auf dieser Rundtour führt der Aufstieg zum Teil über einen Wurzelpfad, der etwas Koordination erfordert, aber dafür auch spannender ist. Der Abstieg hingegen geht zumeist recht angenehm über Fahrwege zurück zum Ziel.

Wetter: Anforderung: Dauer: 2 ¾ h

Anforderung: Mittel; 340 Hm; Aufstieg z.T. ausgewaschene Wurzel- und Steinpassagen, sonst meist angenehmer Pfad oder Fahrweg, Abstieg größtenteils über Fahrweg mit wenig steilen Stellen.

Dauer: Aufstieg 1 ½ h; Abstieg 1 ¼ h; RW gesamt ca. 7 km; Gipfel zusätzlich ca ¾ h.

Wetter: Frühling bis Herbst. Perfekt für heiße oder sogar leichte Regentage, da fast durchgehend im Wald, dann können Wurzelpassagen aber etwas schlammig und rutschig sein.

Gehende Kinder:	Nach der Tour Abkühlung im Tegernsee. Vor dem Gasthaus gibt es eine große Wiese zum Spielen und ein Fußballtor.
Kinderwagen:	Ja (dann längerer Auf-/Abstieg über Alpbachtal).
Knieschonender Abstieg:	Ja.

Navi: D-83648 Tegernsee, Bahnhofplatz 5.

Anfahrt: Von München kommend A8 Ausfahrt Tegernsee. Parkplatz direkt am Bahnhof.

Bus/Bahn: Mit der BOB von München Hauptbahnhof Richtung Tegernsee. Ausstieg Haltestelle Tegernsee Bahnhof.

Ausgangspunkt: Kostenpflichtiger Parkplatz am Bahnhof (Richtwert € 5).

Infos/Gaststätten: *Berggasthaus Riederstein am Galaun, Tel. 08022 273022, www.berggasthaus-riederstein-am-galaun.de, ganzjährig geöffnet, Ruhetag: Dienstag.

Wegbeschreibung: Viele Wege führen auf das Berggasthaus Riederstein (auf den Wanderschildern auch unter „Galaun" zu finden). Ich habe mich dieses Mal für eine abwechslungsreiche Rundtour mit Start und Ziel Tegernsee entschieden. Vom Bahnhof geht's zunächst für ca. 400 m die Bahnhofstraße entlang bergab, bis links die Lärchenwaldstraße abbiegt. Dieser kurz bergauf folgen, rechts ein kurzes steiles Stück am Aparthotel Fackler vorbei und dann gleich wieder rechts auf den Höhenweg abbiegen. Nach ein paar Metern, sobald die letzten Häuser hinter uns liegen, gleich links den Berg hinauf. Über eine kleine Brücke und einige Stufen wird das erste schweißtreibende, steile Stück überwunden. An einer Hecke entlang, bis der Weg vor einer Hauseinfahrt endet. Ob hier ein Promi wohnt? Kurz links, dann gleich wieder rechts und ein letztes Mal wieder links abbiegen. Dann geht es endlich in den Wald hinein. Über einen schönen Pfad mit einigen Wurzel- und Steinpassagen geht es jetzt die meiste Zeit Richtung Galaun. Ab und zu lässt der dichte Wald einen Blick auf die umliegenden Berge zu, eine Bank am Weg lädt zum kurzen Pausieren ein, immerhin geht es stetig, zum Teil auch etwas steil den Berg hinauf. Sobald der Pfad auf den Forstweg trifft, ist es fast geschafft. Nur noch den Wanderschildern folgen, nach ca. 10 Minuten ist das Ziel erreicht. Für

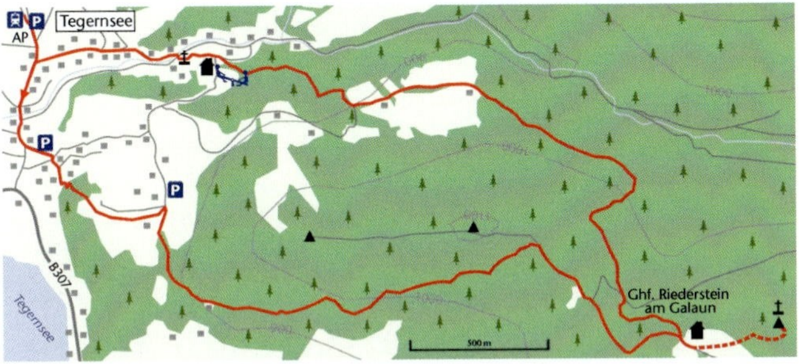

den Rückweg geht es dieses Mal vor dem Wald rechts über den Forstweg den Berg hinab – Richtung Tegernsee über Auerweg. Nachdem linker Hand ein Haus passiert wurde, geht es über einen Pfad das letzte Stück Richtung Tegernsee hinunter. Dabei wird ein Sportplatz, ein Spielplatz und eine kleine Kapelle gequert. Zurück auf einer asphaltierten Straße, geht es einmal über die Brücke und dann die „Max-Joseph-Straße" vor bis zum Bahnhof.

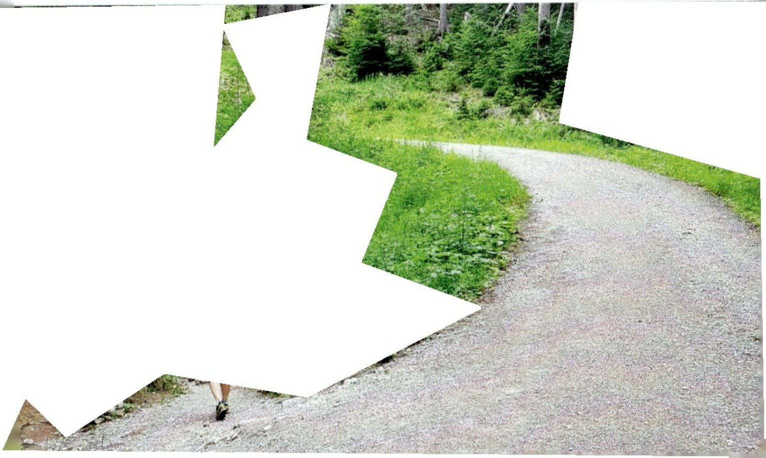

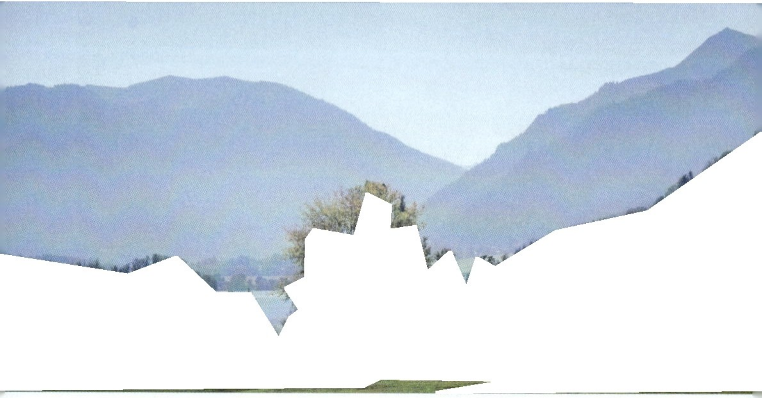

Das Almbad Huberspitz ist ein idyllisch gelegenes Gasthaus, in dem auch Tagungen oder sonstige Festlichkeiten stattfinden. Doch auch für Wanderer ist es sommers wie winters ein beliebtes, wenn auch noch weniger bekanntes Ausflugsziel. Die erste Hälfte des Weges führt flach am Ortsrand von Breitenbach entlang, immer wieder mit Ausblicken auf den Schliersee, in der zweiten Hälfte geht's über einen mäßig steilen Wanderweg größtenteils durch den Wald hinauf zum Gasthaus. An unserem Tourentag herrschte eine sehr entspannte Atmosphäre. Gerne kann man die Gastlichkeit nutzen oder sich auch einfach nur auf eine Decke auf die Wiese fläzen, Picknick machen und den Kindern beim Herumtollen auf der Wiese zusehen.

Wetter: ◐ Anforderung: ● ● Gesamtdauer: 3 h

Anforderung: Leicht–mittel; 280 Hm; erste Hälfte eben, Asphalt- bzw. Forststraße, zweite Hälfte ansteigender, schmaler Waldwanderweg.

Dauer: Auf- und Abstieg je etwa 1 h, 5 km.

Wetter: Jedes nicht zu heiße Wanderwetter; in der ersten Weghälfte fast kein Schatten.

Gehende Kinder:	Erst ab dem Grundschulalter für Kinder mit guter Kondition empfehlenswert. Der Weg von Schliersee bis zur Waldgrenze ist für Kinder womöglich etwas fad. Hier könnte man versuchen einen Parkplatz in Breitenbach zu finden. Das Almbad hat keinen Kinderspielplatz, aber viel Platz zum Toben.
Kinderwagen:	Nein.
Knieschonender Abstieg:	Nein.

Navi: D-83727 Schliersee, Perfallstraße 36.

Anfahrt: A8 Richtung Salzburg, Ausfahrt Weyarn und rechts den Wegweisern nach Miesbach und Schliersee folgen. In Schliersee rechts in die Breitenbachstraße, gleich danach links in die Perfallstraße abbiegen. Dieser folgen, links in den Ludwig-Bachhofer-Weg, an dessen Ende wieder in die Perfallsstraße und gleich darauf links abbiegen.

Bus/Bahn: Mit der BOB nach Schliersee, von dort in Fahrtrichtung rechts halten und links über die Gartenstraße zum Kurweg. Diesem nach rechts entlang des Sees folgen (ca. 500 m Fußweg zum Ausganspunkt).

Ausgangspunkt/P: Parkplatz Schliersee/Nähe Perfallstraße.

Infos/Gaststätten: *Almbad Huberspitz, nettes Gasthaus mit regionalen, selbst zubereiteten, qualitätvollen Speisen, regional hergestellte Getränke, kein Spielplatz, aber Raum zum Toben, Tel. +49 8026 9296760, www.almbad.de/huberspitz, geöffnet immer nachmittags, Übernachtungsmöglichkeit.

Wegbeschreibung: Leider gibt es direkt beim Einstieg in den Waldweg keinen offiziellen Wanderparkplatz, weshalb wir vom Parkplatz Schliersee starten. Gegenüber der Einfahrt in den Parkplatz beginnt die Wanderung rechts auf den gut ausgebauten Kurweg. Wenige Meter danach geht's über den Schlierbach, gleich nach der Brücke links halten und bei der nächsten Weggabelung rechts. Bei den Bahngleisen angekommen links

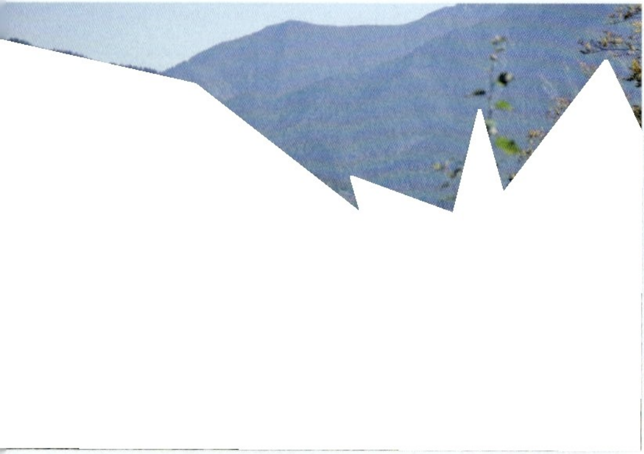

und gleich darauf rechts über die Gleise. Nun geht es durch den Ort Breitenbach zunächst entlang des Tegernseer Wegs, dann rechts auf die Westerbergstraße. An deren Ende links auf die Breitenbachstraße abbiegen. Nach etwa 50 m auf dieser Hauptstraße rechts in die Waxensteinstraße abbiegen und dem Schild „Parkplatz Turnerschaft 1905“ folgen. Ab hier ist das Almbad Huberspitz dann ausgeschildert. Die zunächst noch ebene asphaltierte Zufahrtsstraße wird

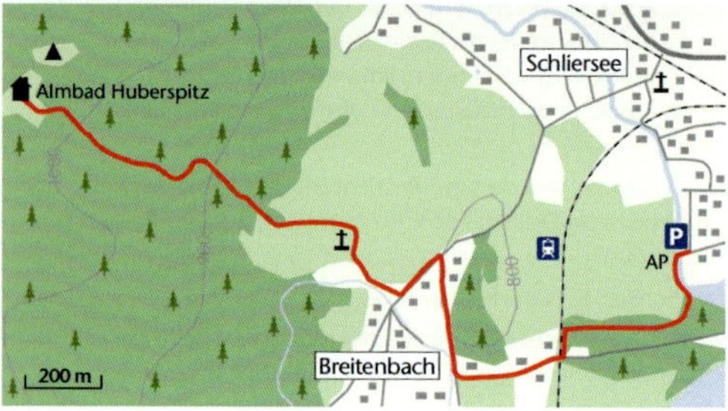

bald ein breiter Forstweg, der hinter einem Grashügel mit einem Marterl nach links abzweigt und leicht bis mäßig bergauf geht. Nach etwa 150 m über sonnige Wiesen ist der aussichtsreiche Wegabschnitt zu Ende und es geht in den Wald hinein. Kurz darauf kommt man zu einer Weggabelung, an der man nach links den dann schmalen Steig meist mäßig durch den Wald hinaufgeht. Erst direkt am Almbad geht's wieder aus dem Wald heraus.

21 Gindelalm(en) (1242 m)

Schliersee: kleine Aussichtsrunde für Langschläferinnen

ck

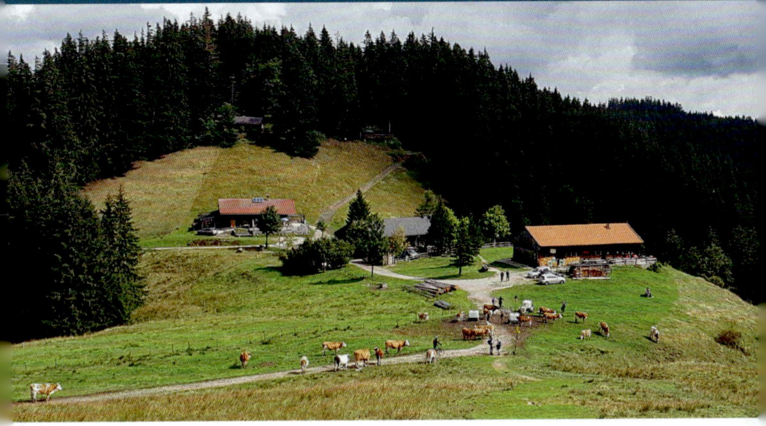

Wenn das Wetter nicht gut einzuschätzen ist, dann ist dieses Ziel genau richtig. Das Almgebiet bietet sogar drei bewirtschaftete Hütten, die unmittelbar nebeneinander stehen, zum Einkehren. Die Aussicht ist herrlich, es gibt einen Gipfel, der Anstieg ist leicht. Kurz – eine perfekte Tour auch für Wiedereinsteigerinnen.

Wetter:  Anforderung:  Gesamtdauer: 2 ¼ h

Anforderung: Leicht; 479 Hm; Fahrwege mit wenig steilen Stellen.

Dauer: Aufstieg 1 ½ h; Abstieg ¾ h; RW gesamt ca. 7,9 km inkl. Gipfel.

Wetter: Jedes Wanderwetter.

Gehende Kinder:	Nur für sehr gehfreudige Kinder geeignet.
Kinderwagen:	Ja (dann gleicher Auf- wie Abstieg).
Knieschonender Abstieg:	Ja.

Navi: D-83727 Schliersee, Hennererstraße 36.

Anfahrt: Von München kommend A8 Ausfahrt Weyarn, Richtung Schliersee. Vor dem See rechts abbiegen Richtung Hennererhof. Wanderparkplatz neben Hennererhof.

Bus/Bahn: Mit der BOB von München Hbf. Richtung Bayrischzell. Hst. Schliersee Bahnhof. Achtung: dadurch Wegverlängerung um 45 min!

Ausgangspunkt: Kostenloser Wanderparkplatz am Hennererhof.

Infos/Gaststätten: *Gindelalm Nr. 2, diese Alm hat im Gegensatz zu den anderen zwei, die auch sehr nett sind, einen Spielplatz, Tel. 0173 943 93 84, www.gindelalm.de, Mai bis Okt., kein Ruhetag.*Hennererhof, Tel. 08026 922 99 64, www.hennerer.com, geöff. Fr–So jeweils nachmittags, kein Ruhetag.

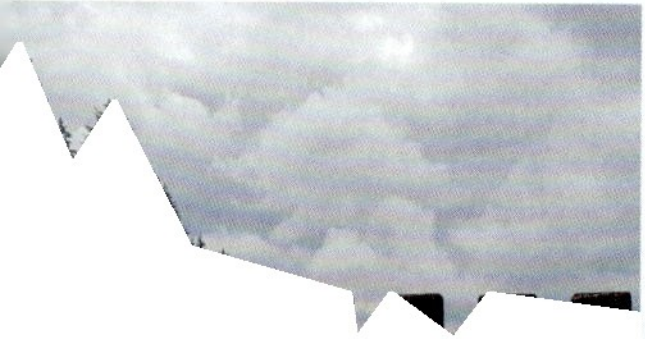

Wegbeschreibung: Es gibt zwei Möglichkeiten für den Aufstieg, wir empfehlen, zuerst links über den Hennererhof aufzusteigen und auf der Forststraße retour zu gehen, da sie für den Abstieg angenehmer ist. Dafür am Hennererhof links vorbei und ab hier im Prinzip den Wanderschildern Richtung Gindelalm folgen. An einer kleinen Brücke links über einen kleinen Bach abbiegen. Den Schildern folgend endet nach einiger Zeit der normale Forstweg und es geht scharf rechts auf einem etwas schmaleren, aber dennoch bequemen Weg zuerst etwas steiler durch den Wald bergauf. Sobald dieser wieder in einen Forstweg mündet, rechts halten und an den Almwiesen vorbei. Kurz vor der Kreuzbergalm könnt ihr euch dann

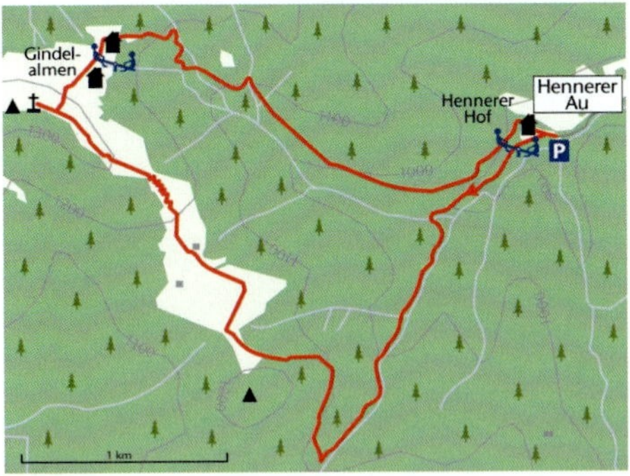

entscheiden, ob ihr auf dem kleineren Kiesweg geradeaus geht und somit ein paar Höhenmeter spart oder ob ihr dem Weg mit ein paar zusätzlichen Höhenmetern (auf und ab) über den Berg an der Alm vorbei folgt. Sobald die zwei Wege nach ein paar Minuten wieder zusammenführen, kommt die eigentliche Herausforderung der Tour. Knapp 100 Hm müssen über einen lehmigen Wiesenweg überwunden werden. Später dann am Bergrücken entlang zum Gipfelkreuz mit weitem Ausblick. Rechts unten warten schon die Gindelalmen, die idyllisch zwischen den weidenden Kühen liegen. Für den Rundweg geht es hinter der Gindelalm 2 in den Wald bergab. Der Forstweg führt direkt zum Hennererhof zurück.

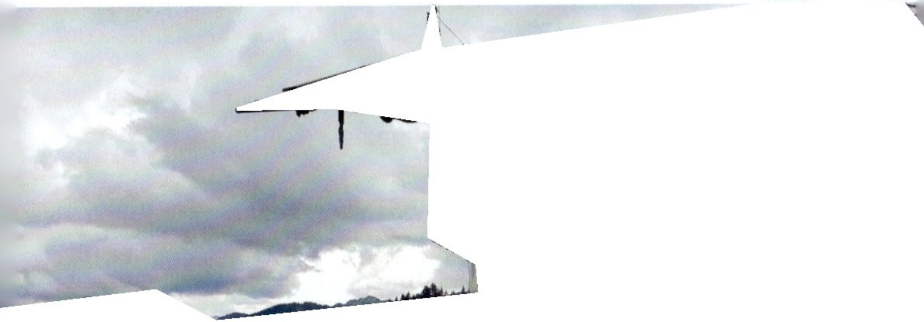

22 Bodenschneidhaus (1365 m)

Neuhaus: ein ganzjähriges Ziel mit einer tollen Lage

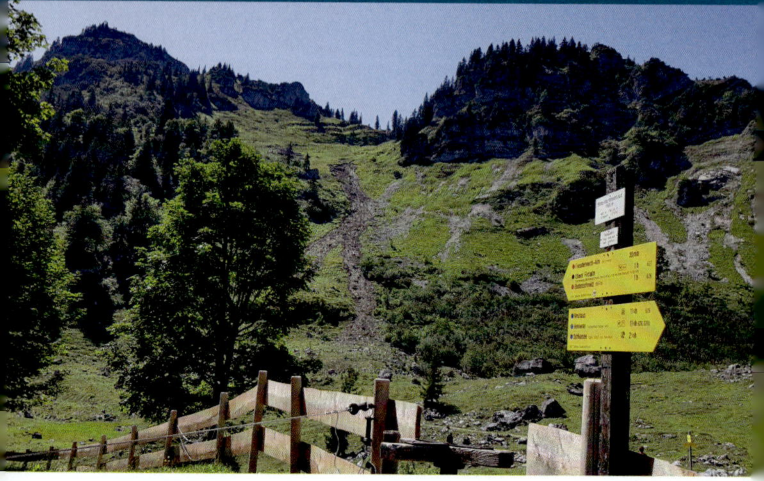

Eine richtig schöne Rundtour ohne große Schwierigkeiten oder Herausforderungen, aber einer tollen Aussicht auf die umliegende Almwiesen- und Bergwelt. Der Weg vom Bodenschneidhaus zur Freudenreich-Alm führt durch ein schönes Waldstück, hier können die Kleinen aus der Kraxe und die Natur entdecken.

Wetter: ☀ ☂ ◔ Anforderung: ● Gesamtdauer: 3 ½ h

Anforderung:	Mittel; 520 Hm; moderate Steigung; 75 % Fahrweg; 25 % Wanderwege.
Dauer:	Aufstieg: 1 ½ h; Abstieg: 2 h; RW gesamt 9 km.
Wetter:	Jedes Wanderwetter. Bei Nässe könnte es etwas rutschig werden.

Gehende Kinder:	Unterwegs gibt es immer wieder Kühe. Der Weg vom Bodenschneidhaus zur Freudenreich-Alm führt durch einen fast märchenhaft anmutenden Wald. Meiner Kleinen hat es Spaß gemacht, hier selbst zu laufen. Im Winter kann man mit dem eigenen Schlitten den Aufstiegsweg hinunter rodeln.
Kinderwagen:	Nein.
Knieschonender Abstieg:	Ja.

Navi: D-83727 Schliersee, Dürnbachstraße, Nähe Hausnummer 56.

Anfahrt: Von München kommend A8 Ausfahrt Weyarn, Richtung Schliersee. Der B307 am See vorbei folgen, in Neuhaus rechts in die Dürnbachstraße einbiegen und bis zum Ende folgen.

Bus/Bahn: Von München Hbf. mit der BOB Richtung Bayrischzell. Ausstieg in Fischhausen-Neuhaus. Zu Fuß in 15 Minuten zum Ausgangspunkt.

Ausgangspunkt/P: Kostenloser Wanderparkplatz Dürnbach.

Infos/Gaststätten: *Bodenschneidhaus, Tel. 0172 8502147, www.bodenschneidhuette.bayern, ganzjährig geöffnet, kein Ruhetag. *Freudenreich-Alm, sehr kleine Karte, sporadisch zur Almzeit von Mitte Juni bis Anfang Oktober geöffnet, wenn die Sennerin da ist.

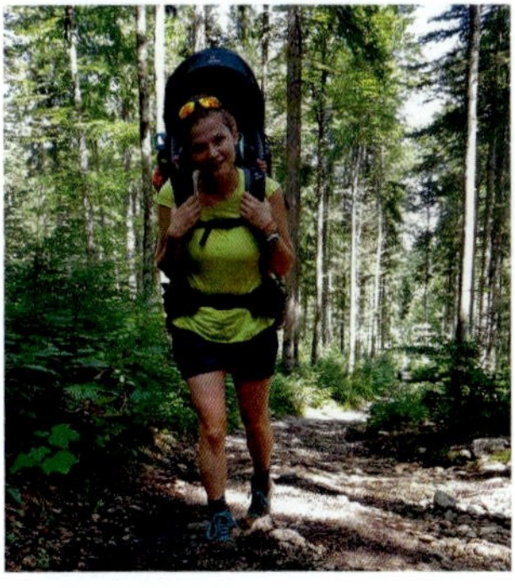

Wegbeschreibung: Direkt am Parkplatz führt die Forststraße in den Wald hinein. Parallel zum Bach, der immer zu hören ist, geht es erst einmal einige Zeit geradeaus den Berg hinauf. Eine Straße wird gequert und der Forstweg wird zu einem schmaleren Pfad, der aber dennoch gut zu gehen ist. So werden die meisten Höhenmeter in Richtung Ziel überwunden. Aus dem Wald der Beschilderung Richtung Bodenschneidhaus hinaus folgen, bis

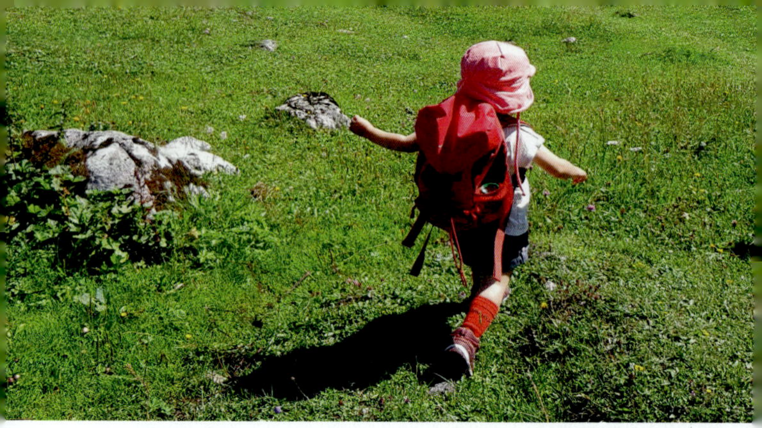

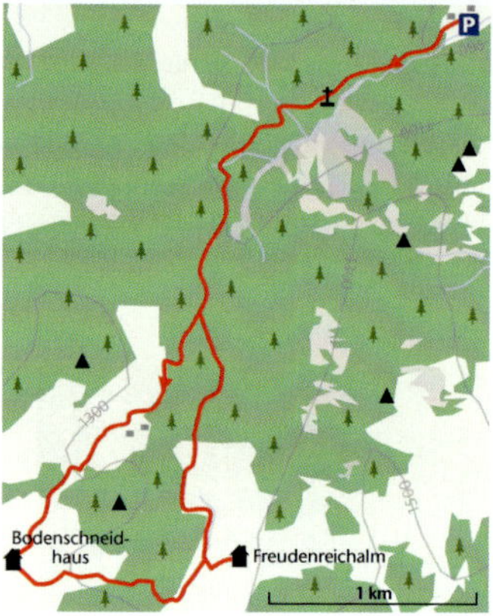

es auf einem Fahrweg wieder gemütlicher an Almen vorbei geht und nach kurzer Zeit das Bodenschneidhaus erscheint. Von hier könnte in ca. 1 Std. zusätzlich der Bodenschneidgipfel erklommen werden. Wir machen lieber Pause, erkunden und erkraxeln die Almwiesen mit den großen Findlingen in der Nähe der Hütte. Der Rundweg geht unterhalb des Bodenschneidhauses über eine Kuhweide weiter. Er ist erst nicht ganz so einfach zu finden, aber wer die Augen offen hält, findet die kleinen gelben „Alpenpfade Alpin“ Schilder der Region Tegernsee/Schliersee. Ein schmaler Pfad führt durch ein Waldstück und endet etwas unterhalb der Freudenreich-Alm auf einer Wiese. Wer möchte, macht dort noch einmal einen kurzen Pausestopp. Ansonsten geht es kniefreundlich über den Forstweg den Berg gemächlich bergab Richtung Ausgang der Tour.

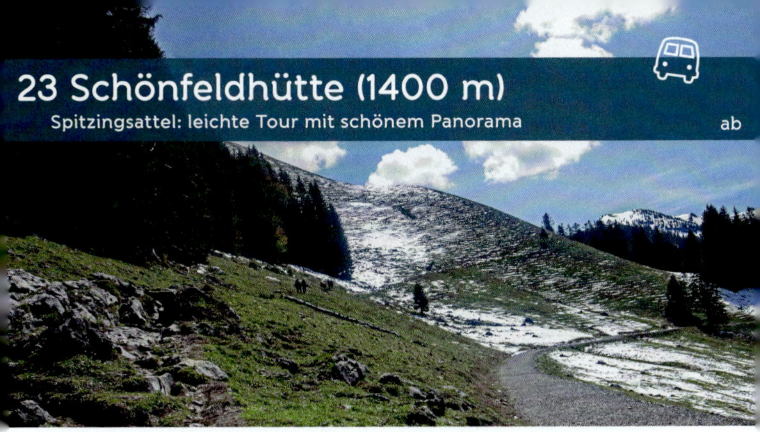

23 Schönfeldhütte (1400 m)

Spitzingsattel: leichte Tour mit schönem Panorama ab

Die Schönfeldhütte ist eine bewirtschaftete Alpenvereinshütte mit Übernachtungsmöglichkeiten. Die Tour ist relativ kurz, der Weg jedoch im Waldstück nicht ganz so einfach. Bei nassen Verhältnissen kann er recht glitschig werden. Im oberen Teil bietet die Tour herrliche Ausblicke über den Spitzingsee in die gegenüberliegenden Gipfel des Stümpfling, Suttenstein bis hinüber zur Brecherspitze. Von der Alm sieht man die Gipfelmöglichkeiten Taubenstein, Rauhkopf und Jägerkamp, die jedoch noch gute Kondition erfordern. Im Frühjahr wird man noch über vereinzelte Schneefelder laufen. Im oberen Teil, wo es flacher ist, ist dies meist kein großes Problem. Schneefelder im Wald halten sich wegen der westlichen Ausrichtung und Beschattung lang. Hier kann es schon einmal rutschig werden. Stecken sind daher im Frühjahr empfehlenswert.

Wetter: Anforderung: Gesamtdauer: 2 h

Anforderung: Mittel; 300 Hm; meist mäßig steiler Steig, der zum Teil Trittsicherheit erfordert.

Dauer: Auf- und Abstieg ca. 1 h; 4 km.

Wetter: Trockenes, nicht zu heißes Wanderwetter, Weg liegt nur zur Hälfte im Wald, waldfreie Zone ist südseitig.

Gehende Kinder:	Für Kinder, die nicht mehr getragen werden können, ist diese relativ kurze Tour gut geeignet. Von Anfang an geht der Weg auf einem Steig mit Wurzeln und Steinen, was den Kindern meist mehr Spaß macht als Forstwege. Manchmal sind für die kurzen Kinderbeine kleine Kletterpassagen dabei, die mithilfe der Eltern aber kein Problem sein sollten und keine große Gefahr darstellen. Entlang des Weges gibt es keine besonderen Rast- oder Spielmöglichkeiten. Die Hütte hat einen kleinen Spielplatz mit Schaukel.
Kinderwagen:	Nein. Kinderwagenalternative: Forststraße von Spitzingsee Ort.
Knieschonender Abstieg:	Forststraße hinunter nach Spitzingsee Ort; von dort entlang des Spitzingsees linksseitig der Straße zurück zum Spitzingsattel oder zwei Stationen mit dem Bus; Gesamtdistanz etwa 5–6 km.

Navi: D-83727 Schliersee, Spitzingsattel 1.

Anfahrt: A8 Richtung Salzburg, Ausfahrt 98 – Weyarn. Rechts nach Weyarn, weiter nach Miesbach und auf die B307 Richtung Schliersee fahren. Der B307 folgen, bis es nach Neuhaus rechts nach Spitzingsee abzweigt. Am Spitzingsattel befindet sich linker Hand neben dem Brotzeitstüberl der Parkplatz.

Bus/Bahn: Von München Hbf. mit der BOB Richtung Bayrischzell nach Schliersee Hst. Fischhausen Neuhaus; dort umsteigen in den Bus 9562 Richtung Spitzingsee bis Hst. Spitzingsattel (Gesamtdauer 1 ¼ h). Von der Hst. in Fahrtrichtung weitergehen und dann links in den Wanderparkplatz abbiegen.

Ausgangspunkt: Wanderparkplatz Spitzingsattel, direkt beim Brotzeitstüberl, wenige gebührenfreie Parkplätze gleich zu Beginn, sonst hinter der Schranke gebührenpflichtig.

Infos/Gaststätten: *Brotzeitstüberl; Tel. +49 160 99167990; Mittwoch Ruhetag. *Schönfeldhütte; +49 8026 7496; www.alpenverein-muenchen-oberland.de/schoenfeldhuette; von Mai bis November durchgehend geöffnet, im Winter auf Nachfrage.

Wegbeschreibung: Gegenüber der Einfahrt zum Parkplatz beginnt der Steig in Serpentinen einen Wiesenhang hinauf, der nach ca. 5 Min. in den Wald hinein führt. Der Steig ist hier nicht beschildert, aber

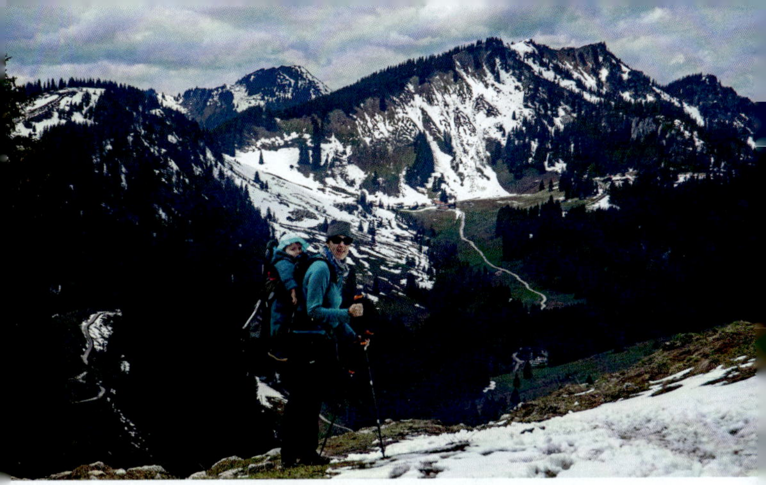

mit rot-weiß-roten Markierungen gekennzeichnet. Nach dem kurzen Wiesenanstieg verläuft der Pfad im Wald stets quer zum Hang in mäßiger Steigung. Nach ca. ½ Std. Gehzeit endet die Waldpassage und der Weg gabelt sich. Links dem beschilderten Steig Richtung Schönfeldalm folgen. Nach weiteren ca. 25 Min. ist die Alm erreicht. Rastmöglichkeiten entlang des Wegs bieten sich erst in den Wiesenhängen im waldfreien Gelände.

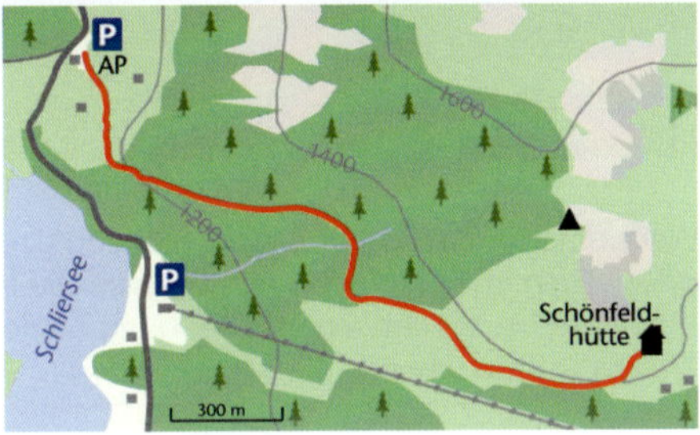

Hinweis: Für die Gipfelmöglichkeiten Taubenstein, Rauhkopf und Jägerkamp muss man je ca. 1 h Aufstieg (jeweils gut 300 Hm) ab der Alm rechnen. Auch zum Taubensteinhaus muss etwa 1 h Aufstieg gerechnet werden. Das Taubensteinhaus ist ebenfalls bewirtschaftet. Die Taubenbergbahn hat ihren Betrieb leider eingestellt. Rück- wie Hinweg.

24 Rotwandhaus (1737 m)

Spitzingsee: unschwerer Tourenklassiker im Mangfallgebiet

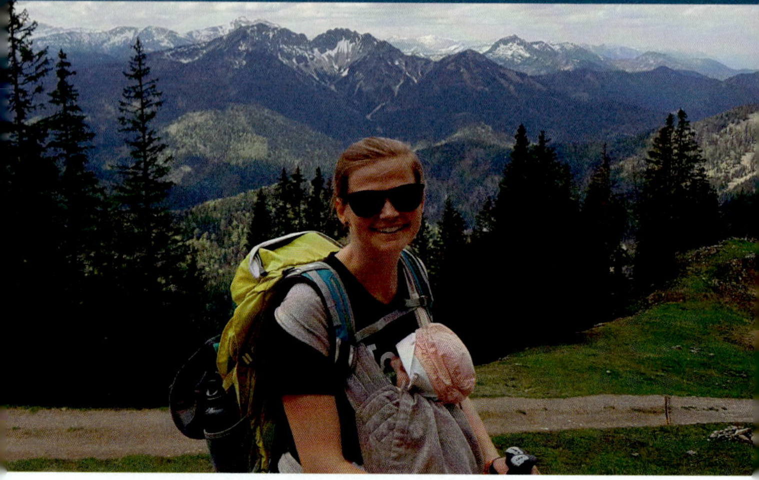

Wer einmal testen möchte, wie gut die Kondition nach der Geburt noch oder wieder ist, ist hier super aufgehoben. Die Tour geht die ganze Zeit über gute, breite Fahrwege, die Steigung ist moderat und die Aussicht am Ziel wunderschön.

Wetter: Anforderung: Gesamtdauer: 4 h

Anforderung:	Mittel; 640 Hm; mäßige Steigung; 20 % Asphaltstraße, 80 % Fahrweg.
Dauer:	Aufstieg: 2 ½ h; Abstieg: 1 ½ h; gesamt 13 km.
Wetter:	Ganzjährig. Auch an Regentagen gut gehbar. Nicht bei zu großer Hitze.

Gehende Kinder:	Keine alpinen Schwierigkeiten, aber für Kinder eher zu lange Tour. Empfehlung, in diesem Alter auf die Albert-Link-Hütte zu gehen (gleicher Ausgangspunkt, 20 Min., nähere Beschreibung in unserem Kinderwagen- & Tragetourenbuch um und in München). Im Sommer lädt der Spitzingsee zum Abkühlen ein.
Kinderwagen:	Möglich, aber nicht empfehlenswert, da langer Aufstieg.
Knieschonender Abstieg:	Ja.

Navi: D-83727 Schliersee, Spitzingstraße 4. Parkplatz links an der Kirche.

Anfahrt: Von München kommend A8 Ausfahrt Weyarn, B307 Richtung Miesbach. Nach Neuhaus rechts Richtung Spitzingsee. Am Ende des Sees befindet sich der Parkplatz an der Kirche.

Bus/Bahn: München Hbf. mit dem Zug nach Schliersee. Umstieg in Bus 9562 Richtung Spitzingsee Haltestelle „Spitzingsee Kirche".

Ausgangspunkt/P: Kostenpflichtiger Wanderparkplatz an der Kirche, Richtwert € 5.

Infos/Gaststätten: *Rotwandhaus, Tel. +43 664 1645290, www.rotwandhaus.de, ganzjährig geöffnet (außer Adventszeit), kein Ruhetag.

Wegbeschreibung: Zuerst ein kurzes Stück weiter der Spitzingstraße entlang folgen, bevor die eigentliche Tour links in die für Autos gesperrte Valepperstraße Richtung Rotwandhaus und Albert-Link-Hütte startet. Kurz danach schon biegt eine asphaltierte Straße links den Berg hinauf und trennt

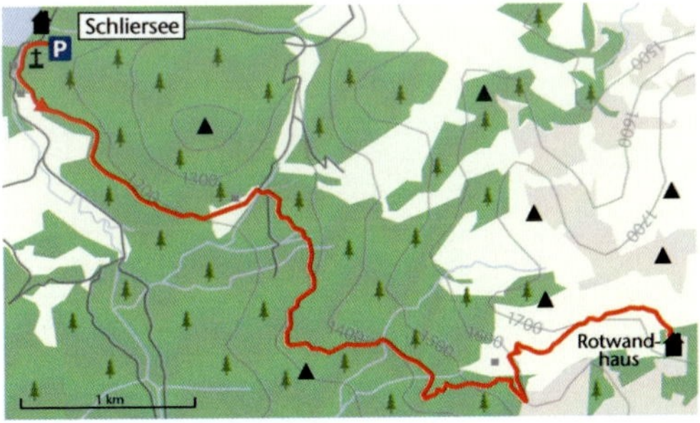

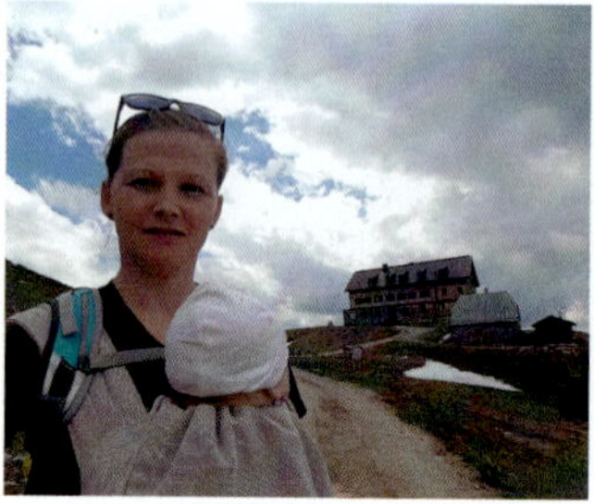

sich somit von dem Weg zur nahegelegenen Albert-Link-Hütte. Ab hier geht es durch den Wald den Berg hinauf. Gleich nach der Bergwacht-Diensthütte biegt der Fahrweg rechts ab. Ohne größere Schwierigkeiten schlängelt sich der breite Weg nun gemächlich bis zum Rotwandhaus zuerst durch den Wald, später über Weidenflächen nach oben. Im Frühjahr haben wir hier sogar schon Murmeltiere gesehen. Es geht auf demselben Weg zurück wie beim Anstieg. Auch als Wintertour (mit oder ohne Schlitten) geeignet. Da die Tour keine Schwierigkeiten aufweist und durchgehend auf breiten Fahrwegen den Berg hinauf geht, war das auch eine meiner ersten Wanderungen nach der Geburt. Hier lässt sich die eigene Kondition und das Tragen der kleinen Wanderinnen super „üben“.

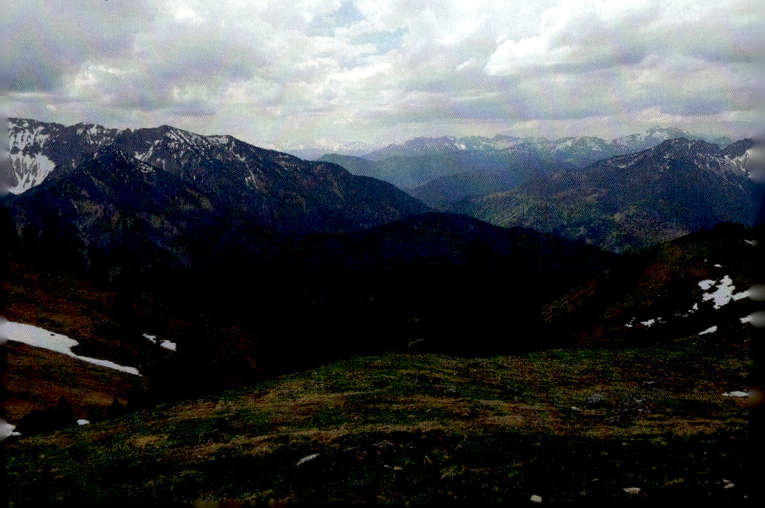

25 Tregler Alm (950 m)

Bad Feilnbach: kurze Tour für gemütlichere Tage

ck

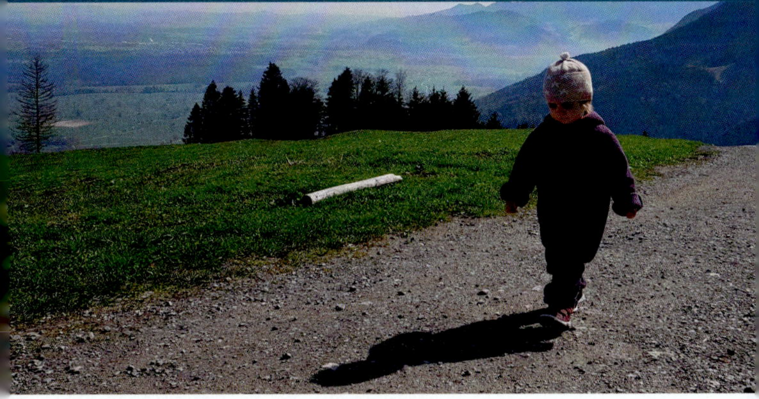

Der Weg zur Tregler Alm ist verhältnismäßig kurz, unkompliziert und einfach zu finden. Da er ziemlich direkt zur Alm führt, ist er teilweise etwas steil (für Kinderwägen), aber nie eine größere Herausforderung. Kleine Abzweigungen durch den Wald machen den Auf- bzw. Abstieg mit der Trage etwas kurzweiliger. Die Alm bietet sowohl drinnen als auch draußen viel Platz, um gemütlich zu verweilen oder auch überschüssige Energie auf der Wiese oder im Wald abzubauen.

Wetter: Anforderung: Gesamtdauer: 2 ¼ h

Anforderung:	Leicht; 370 Hm; mäßige Steigung; 100 % Forstweg.
Dauer:	Aufstieg: ¾ h; Abstieg: ½ h; gesamt 2,1 km.
Wetter:	Ganzjährig. Auch im Sommer bei Hitze. Im Winter beliebte Rodelstrecke.

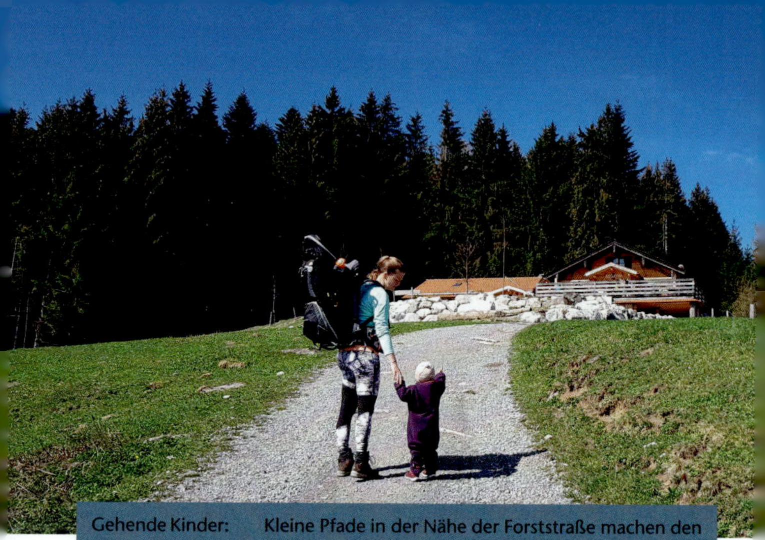

Gehende Kinder:	Kleine Pfade in der Nähe der Forststraße machen den Aufstieg etwas abwechslungsreicher und spannender. Die Almhütte steht auf einer großen Wiesenfläche und grenzt an den Wald an. Im Winter kann man den Weg hinunterrodeln.
Kinderwagen:	Bedingt, da z.T. steilere Abschnitte.
Knieschonender Abstieg:	Bedingt, da z.T. steilere Abschnitte.

Navi: D-83075 Bad Feilnbach, Schwarzenbergstraße (28).

Anfahrt: Von München kommend A8 Ausfahrt Bad Aibling. Rechts Richtung Bad Feilnbach. An einem Kreisverkehr dritte Ausfahrt (Auerstraße) und dann geradeaus durch den Ort. Nach einer kleinen Brücke rechts in die Schwarzenbergstraße einbiegen und bis zu einem kleinen Wendeplatz durchfahren. Dort befinden sich einige Parkplätze, das Hinweisschild zur Tregler Alm beweist, dass ihr richtig seid.

Bus/Bahn: München Hbf. mit dem Zug nach Rosenheim. Umstieg in Bus 9578 Richtung Bad Feilnbach. Haltestelle Medical Park. 10 Minuten Fußweg zum Startpunkt (Parkplatz Schwarzenbergstraße).

Ausgangspunkt: Kostenloser Parkplatz in Bad Feilnbach am Wendekreis.

Infos/Gaststätten: *Tregler Alm, Tel. 08066 1420, www.tregleralm.de, Ruhetag: Mo (außer an Feiertagen).

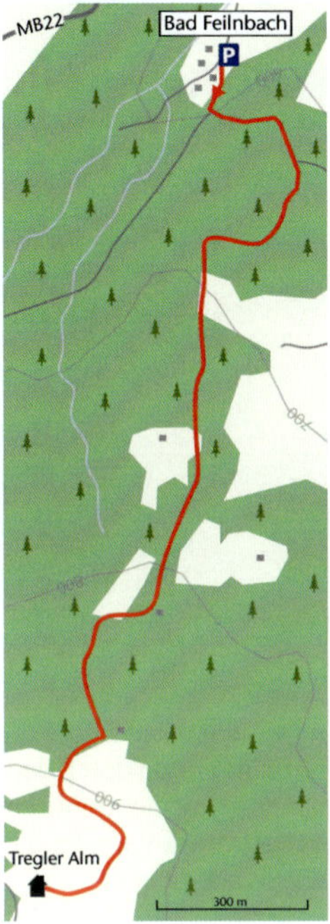

Wegbeschreibung: Dem großen Hinweisschild zur Tregler Alm folgend an einem Haus vorbei starten. Nach einigen Metern links abbiegen, hier beginnt der Aufstieg. Nach kurzer Zeit kann ein kleiner Abstecher zu einem Aussichtspunkt („Schöne Aussicht“) mit Blick über Bad Feilnbach gemacht werden. Ansonsten dem Fahrweg immer bergauf folgen. An einer Gabelung den linken Weg wählen. Nach ca. einer halben Stunde lichtet sich der Wald und die Hütte der Bergwacht Bad Feilnbach wird passiert. Aus dem Wald heraus wird nicht nur der Blick ins Flachland Richtung Rosenheim frei, auch die Alm taucht zum ersten Mal über uns auf. Die eine oder andere Bank am Wegrand kann noch einmal zur letzten Aussichts- und Trinkpause genutzt werden. Dann noch einmal einer großen Rechtskurve folgen und das Ziel ist erreicht. Gleicher Ab- wie Aufstieg. Psssst: In Bad Feilnbach (gegenüber der Tourismusinformation) gibt's für fleißige Wanderer und Wanderinnen und alle anderen Schleckermäulchen eine Eisdiele!

26 Kesselalm (1285 m)

Birkenstein: Brotzeitalm zwischen Breitenstein und Schweinsberg

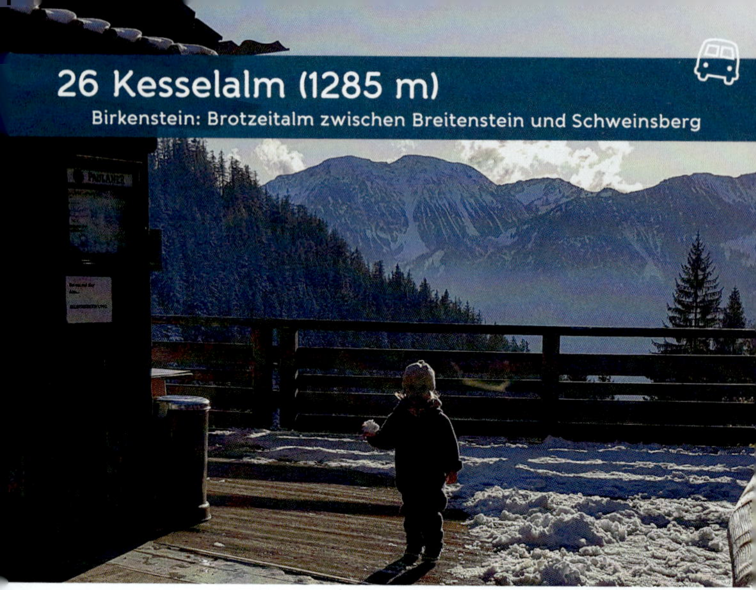

Ein eher unbekanntes und kleines, durch die relativ kurze Anfahrt aber dennoch lohnendes Ausflugsziel. Der Weg zur Kesselalm kann über einen Forstweg begangen oder über spannende Abkürzungen durch den Wald etwas abenteuerlicher gestaltet werden. In nur fünf Gehminuten von der Kesselalm entfernt befindet sich die Feuerhörndl-Kapelle, die einen tollen Ausblick ins Flachland und auf das Leitzachtal bietet.

Wetter: ☀ ☂ ☃ ◔ Anforderung: ● Gesamtdauer: 2 ¼ h

Anforderung:	Leicht; 430 Hm; z.T. etwas steile Steigung; Forstweg.
Dauer:	Aufstieg: 1 ¼ h; Abstieg: 1 h; gesamt 6 km.
Wetter:	Jedes Wanderwetter, auch bei Nässe und Schnee gehbar.

Gehende Kinder:	Mit gehfreudigen Kindern kann man statt über den Forstweg auch auf den vielen (legalen) „Abkürzungen" quer durch den Wald streunen. Ums Haus herum gibt es Platz zum Spielen. Ein Abstecher zur kleinen Kapelle lohnt sich vor allem für den tollen Ausblick, ist aber nicht ganz ungefährlich. Im Winter zeitweise Rodeln mit dem eigenen Schlitten möglich.
Kinderwagen:	Ja.
Knieschonender Abstieg:	Ja.

Navi: D-83730 Fischbachau, Birkensteinstraße 96.

Anfahrt: Von München kommend A8 Ausfahrt Irschenberg. B472 Richtung Miesbach/Fischbachau folgen. Nach Jedling links Richtung Bayrischzell abbiegen und Richtung Fischbachau halten. In Fischbachau links Richtung Birkenstein abbiegen, der Straße bis zum Ende folgen. Auf der rechten Seite befindet sich der große Wanderparkplatz.

Bus/Bahn: Mit dem Zug von München Hbf. mit der BOB Richtung Bayrischzell. Ausstieg Miesbach, von dort weiter mit Bus 9552 zur Hst. Birkenstein (Fischbachau), die sich direkt am Einstieg der Tour befindet.

Ausgangspunkt/P: Kostenpflichtiger Parkplatz in Birkenstein (Richtwert Tagesticket € 5)

Infos/Gaststätten: *Kesselalm, Tel. 08028 2602, www.kesselalm.de, ganzjährig geöffnet, individuelle Ruhetage bitte der Homepage entnehmen.

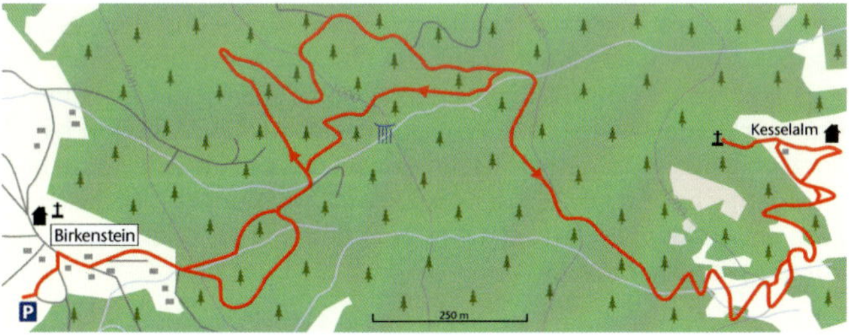

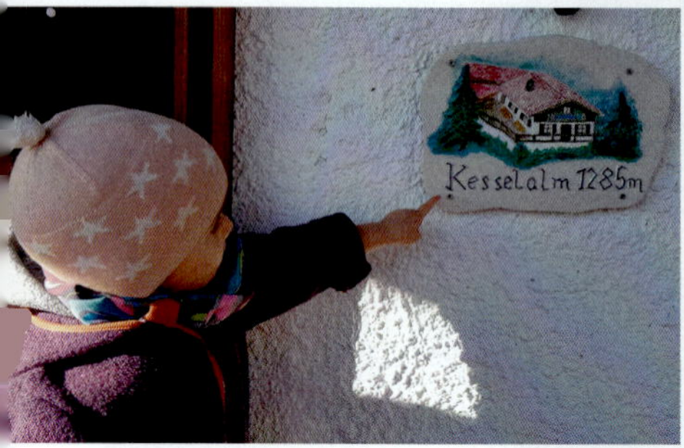

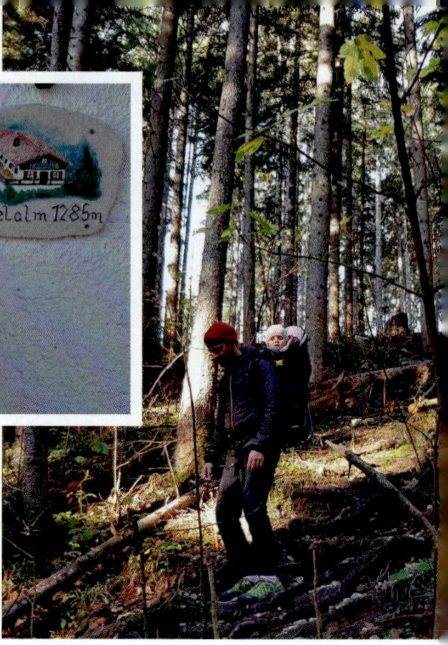

Wegbeschreibung: Start ist am hinteren Wanderparkplatz in Birkenstein. Es geht kurz die Straße zurück zur Gabelung. Neben vielen Touren findet sich auf den Wanderschildern auch der Weg zur „Kesselalm/ Bucheralm“ der sich erst links hält und kurz darauf noch einmal links auf eine Nebenstraße abzweigt. Hier befindet sich auch das Infoschild der Alm, ob diese tatsächlich geöffnet hat (in der Nebensaison bitte auch immer die Homepage checken). Von da an geht es erst gemächlich, später auch etwas steiler den Berg hinauf. Nach Verlassen des Waldes sind es noch einige Kehren, bevor die Kesselalm auftaucht. Für einen Abstecher zur Kapelle noch links an der Alm vorbei und den Berg hinauf. Hier ist vor allem mit gehenden Kindern Vorsicht geboten. Die Kapelle steht auf einem kleinen, engen Plateau auf einem Felsen und ist nur durch einen kleinen Drahtseilzaun gesichert. Der Weg dort hin ist kurzzeitig etwas ausgesetzt. Dann gibt es erst einmal eine Pause und „a ordentliche Brotzeit“ auf der Kesselalm. Zurück geht es auf gleichem Weg entweder über den Forstweg oder über die ein oder andere Abkürzung durch den Wald.

27 Hubertushütte (1542 m)

Birkenstein: aussichtsreicher Gipfel und uriges Hütten-Feeling

SS

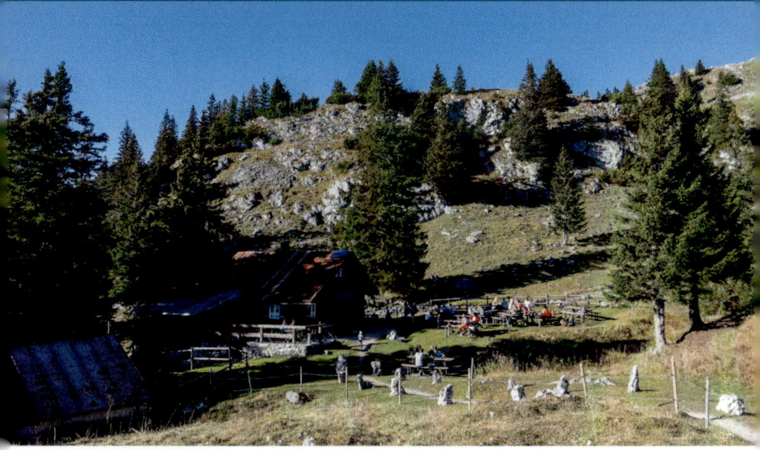

Eine abwechslungsreiche Wanderung mit gleich drei Einkehrmöglichkeiten und zwei möglichen Gipfelbesteigungen. Neben dem Bockstein kann auch der bekanntere Breitenstein erklommen werden. Tipp: Viel Zeit mitbringen, denn die Aussicht ist atemberaubend und lädt zum längeren Verweilen ein. Hier ist man zwar nie alleine, aber wie heißt es doch so schön: Geteilte Freude ist doppelte Freude.

Wetter: Anforderung: Gesamtdauer: 4 ½ h

Anforderung:	Mittel; 780 Hm; teilweise steile Steigung.
Dauer:	RW: 4 ½ h; gesamt: ca. 8,8 km; 50 % Forstweg, 50 % Wanderweg.
Wetter:	Klassisches Wanderwetter. Highlight ist der Ausblick, daher am besten bei schöner Fernsicht.

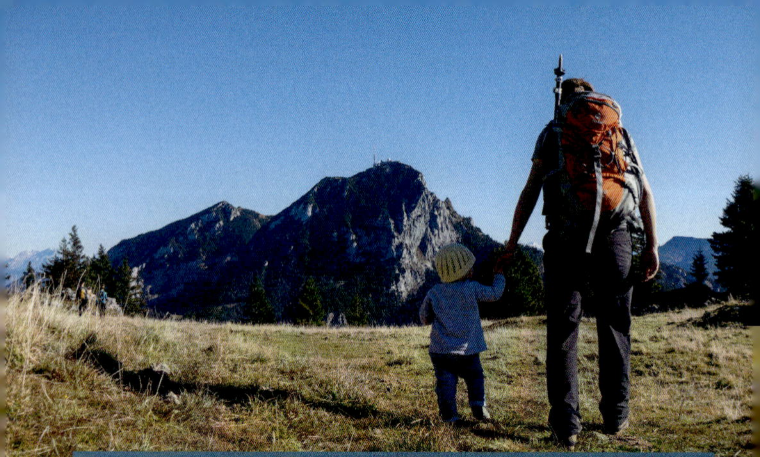

Gehende Kinder:	Die gesamte Strecke ist aufgrund der Dauer nicht für gehende Kinder geeignet. Ab ca. 4 Jahren empfehlen wir eine Wanderung bis zur Bucheralm, die nach ca. ⅓ der Strecke erreicht ist, oder bis zur Kesselalm, wenn die Wanderung andersherum gegangen wird.
Kinderwagen:	Nein.
Knieschonender Abstieg:	Nein.

Navi: D-83730 Fischbachau, Birkensteinstraße 96.

Anfahrt: Von München kommend A8 Ausfahrt Irschenberg. B472 Richtung Miesbach/Fischbachau folgen. Nach Jedling links Richtung Bayrischzell abbiegen und Richtung Fischbachau halten. In Fischbachau links Richtung Birkenstein abbiegen, der Straße bis zum Ende folgen. Auf der rechten Seite befindet sich der große Wanderparkplatz.

Bus/Bahn: Mit dem Zug von München Hbf. mit der BOB Richtung Bayrischzell. Ausstieg Miesbach, von dort weiter mit Bus 9552 zur Hst. Birkenstein (Fischbachau), die sich direkt am Einstieg der Tour befindet.

Ausgangspunkt/P: Kostenpflichtiger Parkplatz in Birkenstein (Richtwert Tagesticket € 5)

Infos/Gaststätten: *Hubertushütte, geöff. Mai–Nov., Ruhetag: Mo und Di. *Bucheralm, im Sommer geöff. *Kesselalm, Tel. 08028 2602, www.kesselalm.de, ganzjährig geöffnet, individuelle Ruhetage bitte der Homepage entnehmen.

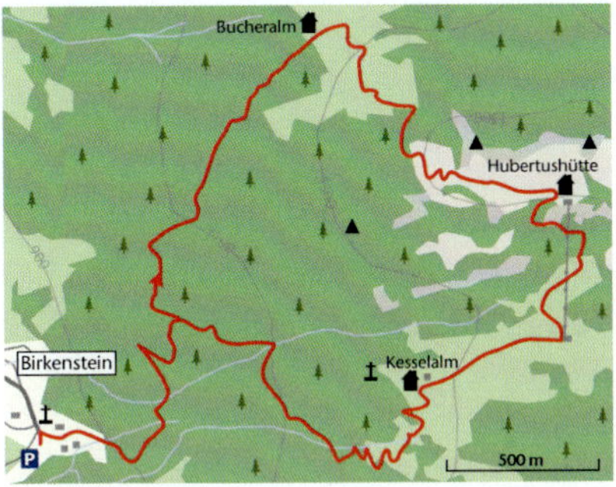

Wegbeschreibung:
Vom Wanderparkplatz in Birkenstein geht es kurz zurück zur Gabelung an der Birkenstraße. Dort ist der Weg zur „Kesselalm/Bucheralm" ausgeschildert. Der Beschilderung folgend, geht es stetig bergauf. In einer Linkskurve zunächst links halten und an der beschilderten Kreuzung dem Wegweiser „Bucheralm" folgen. Der Breitenstein ist auch nach rechts ausgeschildert, von diesem Weg kommen wir beim Abstieg zurück. Nach ca. 1 h kommt die Bucheralm in Sicht. Ab hier wird bis zur Hubertushütte nur noch in der Sonne gewandert und die Aussicht auf die bayerischen Voralpen, inklusive dem bekannten Wendelstein, ist ständiger Wanderbegleiter. Gegenüber der Bucheralm steigt der Weg gut sichtbar und steil bis zum Sattel bergauf. Links geht es zum Bockstein, dessen Gipfel nach wenigen Minuten erreicht ist und auf dem meist weniger Trubel herrscht als auf dem benachbarten und bekannteren Breitenstein. Achtung: Kinder müssen hier wegen Absturzgefahr gesichert werden. Vom Gipfel geht es den gleichen Weg wieder bergab zum Sattel und weiter geradeaus bis zur urigen Hubertushütte. Wer will, kann auch noch den Breitenstein besteigen, bevor er seinen Füßen auf der Hubertushütte eine wohlverdiente Pause gönnt.

Der felsige **Abstieg** hinter der Hütte ist zunächst noch steil, doch wenn dieses Teilstück überwunden ist, geht es immer der Beschilderung zur „Kesselalm" folgend, moderat auf dem Forstweg bergab. Warum diesen grandiosen Wandertag nicht noch an der Kesselalm ausklingen lassen, bevor der Rückweg zum Parkplatz Birkenstein angegangen wird?

28 Schuhbräu-Alm (1144 m)

Brannenburg: einfache Wanderung mit Blick in den Chiemgau

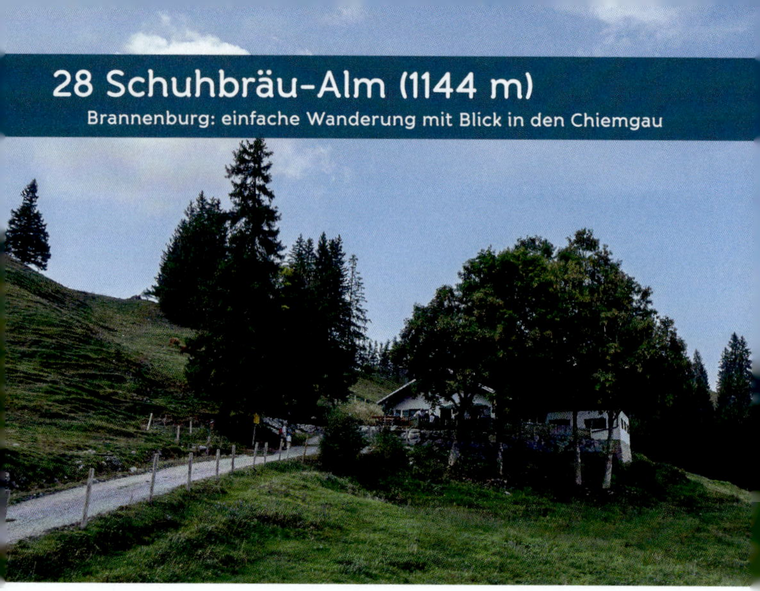

Obwohl diese Wanderung nur auf Forstwegen verläuft, lohnt sich der leichte Aufstieg zur Schuhbräu-Alm. Mit fast 500 Höhenmetern, die zurückgelegt werden müssen, ist der kleine Biergarten der Alm perfekt für eine Stärkung gelegen. Gratis dazu gibt es einen schönen Blick in den Chiemgau.

Wetter: Anforderung: Gesamtdauer: 2 ½ h

Anforderung: Leicht; 465 Hm; moderate Steigung; Forstweg.
Dauer: Aufstieg: 1 ½ h; Abstieg: 1 h; gesamt 8,6 km.
Wetter: Für jedes Wanderwetter geeignet.

Gehende Kinder:	Die gesamte Strecke ist nur für gehfreudige Kinder empfehlenswert, siehe Dauer und Anforderung. Ab ca. 4 Jahren empfehlen wir die Schlipfgrubalm, die nach ca. 20 min Gehzeit auf der Strecke liegt.
Kinderwagen:	Ja.
Knieschonender Abstieg:	Ja.

Navi: D-83098 Brannenburg, Bergstraße.

Anfahrt: Von München kommend von der A8 auf die A93 Richtung Innsbruck wechseln. Ausfahrt Reischenhart Richtung Reischenhart fahren und links auf die Grafenstraße abbiegen. Straße bis Gmain folgen, dann rechts abbiegen auf die Bahnhofstraße. Weiter auf Kirchpl. und Mühlenstraße. Rechts abbiegen auf Schrofenstraße und weiter auf Bergstraße. Wanderparkplatz auf der linken Seite, ca. 200 Meter nach dem Lechnerhof.

Bus/Bahn: Nein.

Ausgangspunkt/P: Wanderparkplatz an der Bergstraße in Brannenburg. Ca. 200 Meter nach dem Lechnerhof auf der linken Seite.

Infos/Gaststätten: *Schuhbräu-Alm, Kinderecke mit Kindertisch und Stühlen, Spielen und einer kleinen Rutsche, Tel. 8034 2391, www.schuhbräu-alm.de, geöff. Mai–Okt., Ruhetage: Mo, Di, So. *Schlipfgrubalm, Tel. 8034 2983, ganzjährig geöff., Ruhetag: Mi.

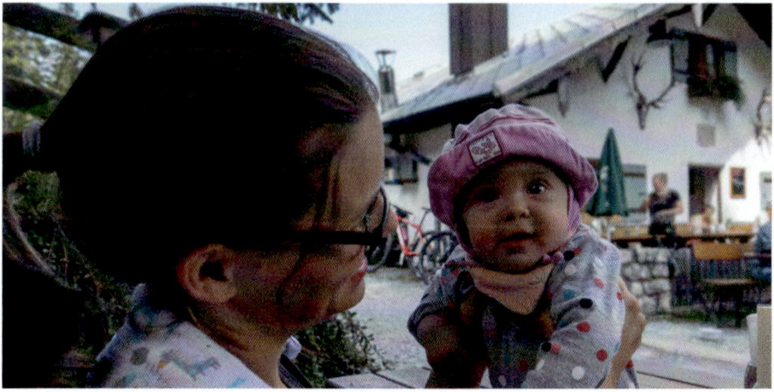

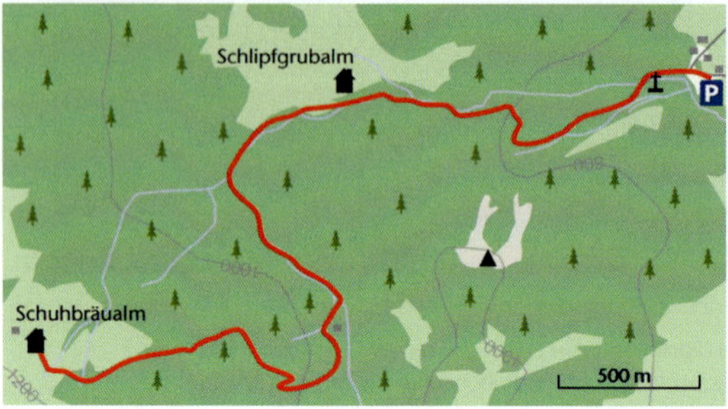

Wegbeschreibung: Vom Ausgangspunkt geht es zuerst ein Stück die asphaltierte Straße bergauf und hier befindet sich auch das Infoschild der Alm, ob diese tatsächlich geöffnet hat. Immer dem Hauptweg folgend, ist nach einer halben Stunde mit gemächlicher Steigung die Schlipfgrubalm erreicht. Wer schon hungrig oder durstig ist, kann hier bereits eine Pause einlegen. Ansonsten geht es, der Beschilderung folgend, den breiten Weg weiter bergauf bis zur Schuhbräualm, die eine Stunde später erreicht ist. Der kleine Biergarten bietet eine großartige Aussicht in den Chiemgau. Gleicher Rück- wie Hinweg.

Tipp: Noch mehr Tipps zum Thema Wandern mit Kindern gibt Steffi auf ihrer Website www.adailytravelmate.com

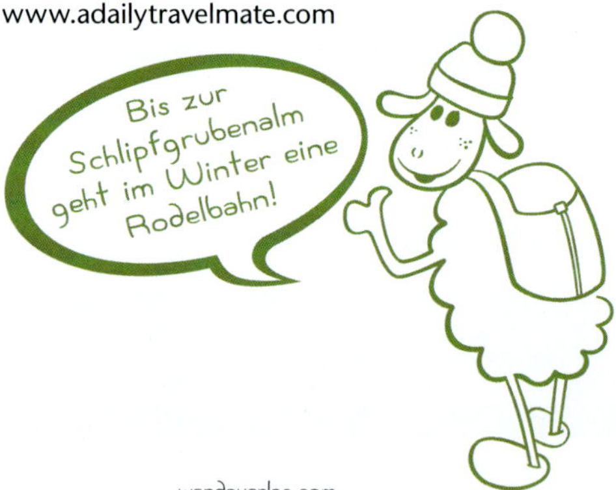

29 Wendelsteinhaus (1724 m)

Bayrischzell: kurzer, aber aussichtsreicher Gipfelweg am Wendelstein ck

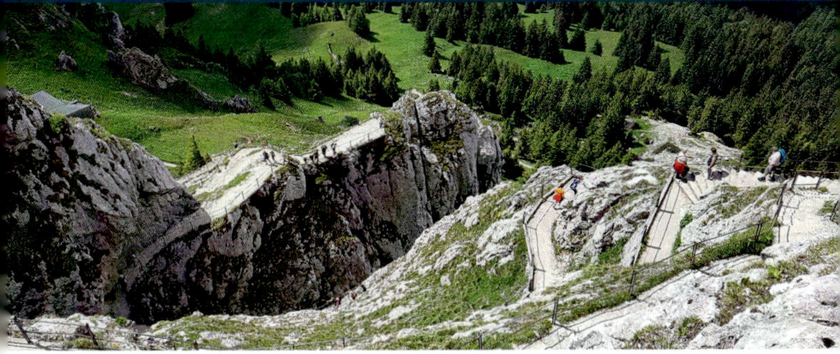

Wie bei allen Bergen mit Aufstiegshilfen herrscht rund um die Bergstationen viel Getümmel, der Hauptgipfel ist mächtig verbaut und der Ausflug etwas teuer. Der Weg zum Ostgipfel ist jedoch recht schön und ab und zu mag man ja auch hoch hinauf, ohne sich quälen zu müssen. Am besten unter der Woche gehen, dann hat man den Gipfelweg fast für sich allein, und auch warme Kleidung für die Höhle mitnehmen!

Wetter: Anforderung: Gesamtdauer: 1 h

Anforderung:	Leicht; 208 Hm; Treppen beim Gipfel, sonst gemächlicher Steig am Hang entlang.
Dauer:	1 h; RW gesamt ca. 2,1 km.
Wetter:	Klassisches Wanderwetter. Kein Schatten.

Gehende Kinder:	Sehr empfehlenswert. Großer Spielplatz bei der Bergstation, eine Schauhöhle – s.u. Infos, Lehrtafeln zur Erdgeschichte.
Kinderwagen:	Nein.
Knieschonender Abstieg:	Ja (Gondel).

Navi: D-83735 Bayrischzell, Osterhofen 90 (Talstation Wendelstein).

Anfahrt: Von München kommend A8 Ausfahrt Irschenberg. Landstraße Richtung Bayrischzell – Osterhofen. Parkplatz Talstation direkt an der Straße.

Bus/Bahn: Mit der BOB von München Hauptbahnhof Richtung Bayrischzell. Ausstieg Haltestelle Osterhofen. 5 Minuten zu Fuß zur Seilbahn-Talstation.

Ausgangspunkt/P: Kostenpflichtiger P der Seilbahn (Richtwert € 3).

Infos/Gaststätten: *Wendelsteinhaus, Tel. 08023 404, www.wendelsteinbahn.de/wendelsteinhaus, ganzj. geöff., Ruhetag: keiner. *Wendelsteinbahn und Schauhöhle: Richtpreis Erw. € 23,50, Kinder v. 6–17 J. € 16.

Wegbeschreibung: Nach Auffahrt mit der Gondel führt der Weg zunächst am Wendelsteinhaus vorbei und dann links Richtung Gipfelweg. Die ersten ca. 20 Minuten windet sich – für einen Berg sehr ungewöhnlich – ein asphaltierter Weg und Stufen bis zum Gipfel (1838 m) hinauf. Auch hier ist nichts, wie man es von einem „normalen“ Berg gewohnt ist. Der Wendelstein ist voll bepackt mit Metall, Antennen, Masten und einer Sternwarte. Das Einzige aus Holz hier oben ist das Gipfelkreuz und die daneben stehende Kapelle. Zumindest ein bisschen Bergfeeling.

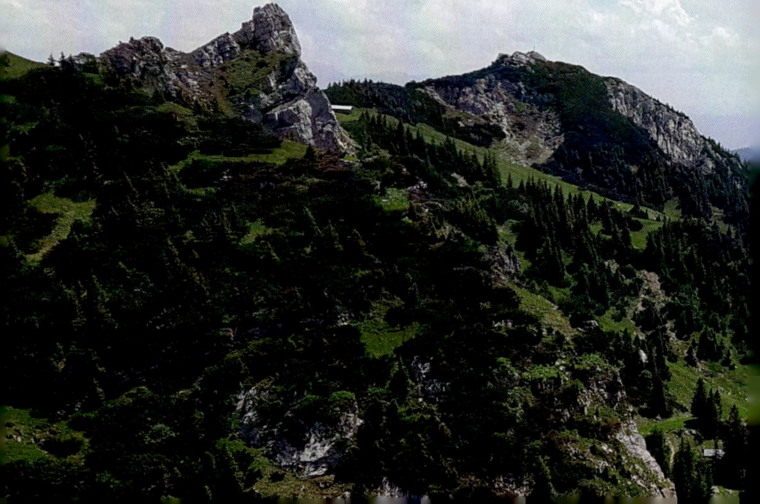

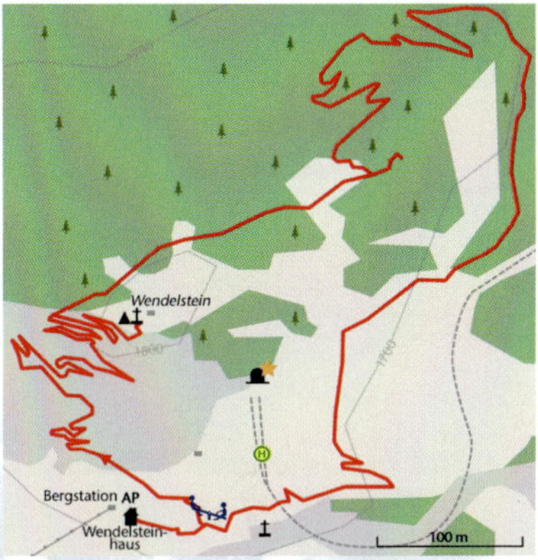

Ein kurzes Stück den Weg zurück beginnt rechts der eigentliche Gipfelpfad (ausgeschildert) um den Wendelstein. Der Pfad ist ab hier nicht mehr asphaltiert und man fühlt sich endlich in der Natur. Auf dem „Ostgipfel“ sind wir dann fast alleine, machen eine kurze Pause und genießen die Aussicht. Rechts geht es anschließend den leichten Steig mit wenig Höhenunterschied bergab. Der Blick schweift ins Flachland und die umliegenden Berge, unter uns sehen wir die Zahnradbahn aus Bad Feilnbach anrollen. Dann geht's noch einmal etwas steiler den Berg hoch, am Eingang der Schauhöhle vorbei und zurück zum Wendelsteinhaus. Wer etwas Ruhe am Gipfel haben will, sollte auf jeden Fall unter der Woche und nicht in der Ferienzeit gehen, dann kann es richtig schön ruhig sein!

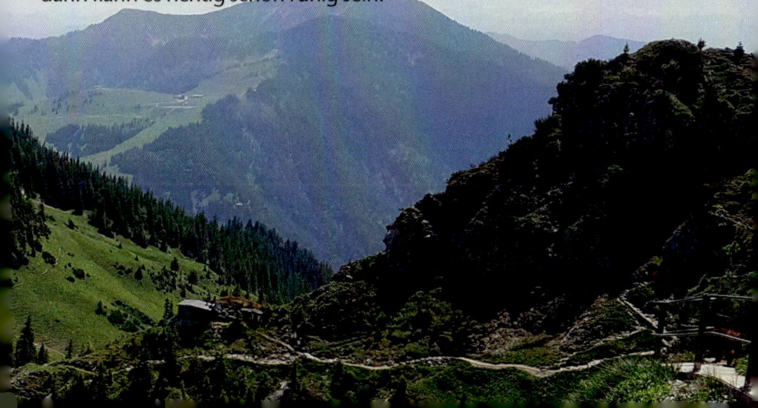

30 Siglhof (980 m)

Bayrischzell: der Wendelstein-Männlein-Weg

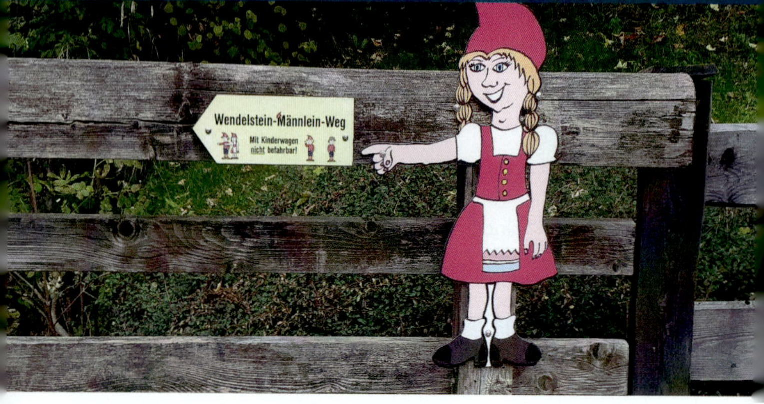

Diese schöne und nicht allzu lange Rundtour ist ideal für Familien mit bereits gehenden Kindern. Auf diesem Aktivweg wird für jeden etwas geboten, das erklettert, erkundet und erfahren werden kann. Daher ist die Tour bei Familien auch bekannt und sehr beliebt. Obwohl es sich um eine kurze Tour mit eher wenigen Höhenmetern handelt, am besten viel Zeit zum Erkunden einplanen.

Wetter: 🌤 ◔ Anforderung: ● ● Gesamtdauer: 2 h

Anforderung: Leicht–mittel; 180 Hm; meist mäßig steiler, schmaler Wanderweg mit wenigen und kurzen steileren Passagen.

Dauer: Auf- wie Abstieg je ca. 1 h; 5 km.

Wetter: Trockenes Wanderwetter, Weg liegt größtenteils im Wald.

Gehende Kinder:	Super geeignet, entlang des Weges gibt es viele Attraktionen (Kneippanlage, Aussichtsturm, Bach mit Wasserspielen) sowie lehrreiche Infotafeln und am Ziel einen riesigen Spielplatz.
Kinderwagen:	Nein.
Knieschonender Abstieg:	Nein, steilere Passagen.

Navi: D-83735 Bayrischzell, Schlierseestr. 2.

Anfahrt: A8 Richtung Salzburg, Ausfahrt Weyarn und auf der B307 über Miesbach, Schliersee bis nach Bayrischzell. Im Ort in die Schlierseestraße. Etwa 200 m nach dem Abzweiger zum Bahnhof befindet sich linker Hand der Kurpark. Parkplätze müssen leider in der Umgebung gesucht werden.

Bus/Bahn: Von München Hbf. mit der BOB nach Bayrischzell; dort in Fahrtrichtung weitergehen, auf der Schlierseestraße nach links abbiegen und bis zum Ausgangspunkt der Straße folgen.

Ausgangspunkt: Kurpark in Bayrischzell (Ecke Michael-Meindl-Straße und Sudelfeldstraße)

Infos/Gaststätten: *Bergcafe Siglhof, Tel. +49 (0)157 34345838, www.siglhof.com, bewirtet Ende April bis Anfang November, Montag Ruhetag, keine Kartenzahlung möglich, Übernachtungsmöglichkeiten.

Wegbeschreibung: Der Wendelstein-Männlein-Weg ist durchgehend ausgeschildert, mit Wegweisern in Form von kleinen Männlein oder Weiblein mit Zipfelmützen. Vom Kurgarten geht es zunächst durch die Wohnanlagen etwas bergauf, bis nach ca. 20 Min. ein schmaler Pfad rechts in den Wald hineinführt. Nun geht es einmal flach, einmal etwas steiler aufwärts. Schilder mit interessanten Informationen zur Natur und zum Wald,

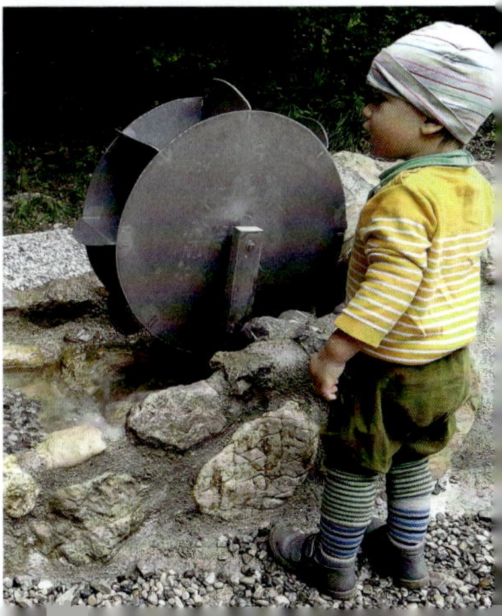

z.B. zum Totholz, begleiten den Weg. Nah dem Wald gelangt man auf hügelige Wiesen und der Siglhof ist bereits sichtbar. Der Weg wird dort breiter und fast eben und mündet bald auf einen Forstweg, der nach links zum Siglhof führt.

Folgende Stationen werden entlang dieses Aufstiegs passiert:
1: Bach mit Brunnen und Fass
2: Kneippanlage mit Barfußweg
3: Aussichtsturm (Parapluie)
4: Bach mit Wasserfall und Wasserspielplatz
5: Spielplatz am Siglhof

Der **Abstieg** ist ebenfalls mit den typischen Wendelstein-Männlein-Weg-Schildern gesäumt und führt auf direktem Weg durch den Wald hinab nach Bayrischzell.

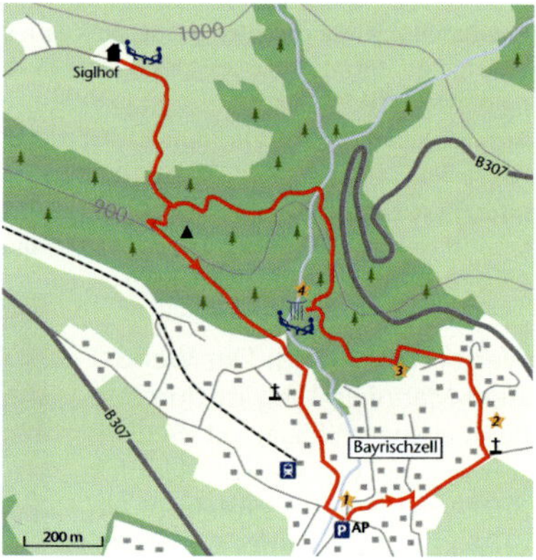

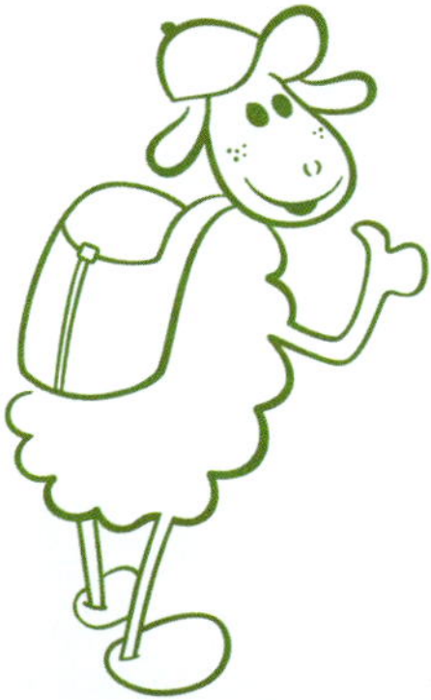

31 Brünnsteinhaus (1342 m)

Oberaudorf: einsame Wanderung mit herrlicher Aussicht ck

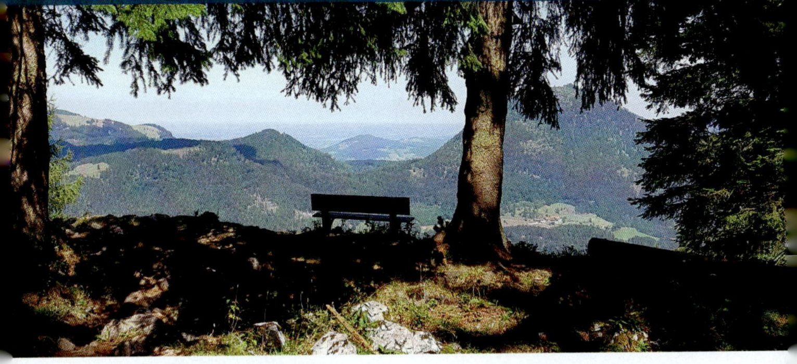

Super schöne und spektakuläre, aber auch anstrengende Tour. Auf schmalen Pfaden müssen viele Wurzeln und die ein oder andere Steinpassage überwunden werden. Dafür warten gefühlt hinter jeder Kuppe einige Kühe, die zum Teil auch mitten auf dem Weg stehen. Die Hütte belohnt bei warmem Wetter mit Biergartenfeeling. Aber Touristenmassen findet man hier trotzdem nicht. Wer den Rundweg wählt, muss noch genügend Kraft und Zeit für den Rückweg einplanen, er ist lang.

Wetter: ◐ Anforderung: ● Gesamtdauer: 4 ½ h

Anforderung: Schwer; 669 Hm; felsiger, wurzeliger Steig mit zwei steilen Passagen zu Beginn, ansonst mäßig steil. Bei RW ist Trittsicherheit und Schwindelfreiheit unerlässlich (kurzes, drahtseilgesichertes Stück über Metallgitter).

Dauer: Aufstieg 2 h; Abstieg 2 ½ h; RW gesamt ca. 13 km; Gipfel zusätzlich ca. 1 h.

Wetter: Trockenes Wanderwetter, im Wald kann es matschig sein. Nicht bei Nebelwetter gehen!

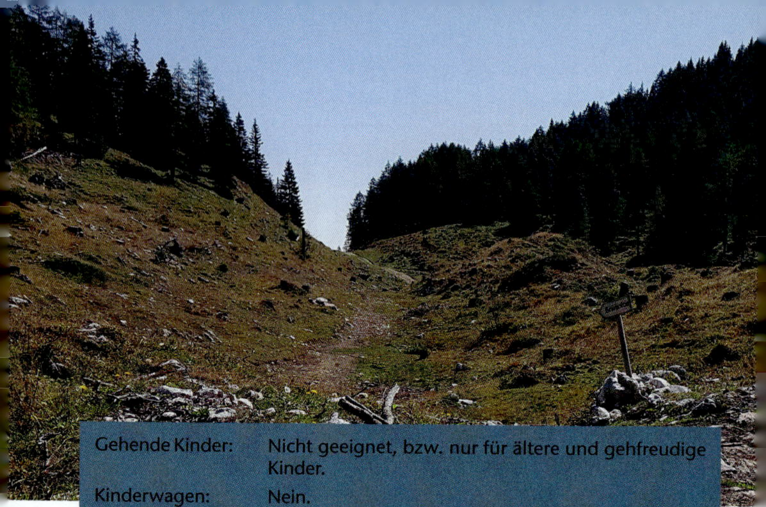

Gehende Kinder:	Nicht geeignet, bzw. nur für ältere und gehfreudige Kinder.
Kinderwagen:	Nein.
Knieschonender Abstieg:	Nein.

Navi: D-83080 Oberaudorf, Rosengasse 1.

Anfahrt: Von München kommend A8/A93 Richtung Innsbruck, Ausfahrt Brannenburg (Achtung Maut, Richtpreis € 3) oder über Schliersee/Bayrischzell, Richtung Berggasthof Rosengasse. Wanderparkplätz direkt am Gasthof.

Bus/Bahn: –

Ausgangspunkt: Kostenpflichtiger Wanderparkplatz am Gasthof (Richtpreis Tagesticket € 3).

Infos/Gaststätten: *Brünnsteinhaus, Schaukel und Wippe, Tel. 08033 1431, www.bruennsteinhaus.de, Mai bis Oktober und Weihnachten bis Mitte März durchgängig, Nov. bis Mitte Dez. nur am Wochenende geöffnet. *Berggasthof Rosengasse, Spielplatz (Poolbenützung auch für Tagesgäste), Tel. 080233 640, www.berggasthof-rosengasse.de, geöff. April–Nov., Ruhetag: Mo.

Wegbeschreibung: Der Anstieg startet am oberen Ende des Berggasthofs Rosengasse. Der asphaltierte Weg führt die ersten Höhenmeter etwas steiler an einer kleinen Kapelle vorbei und endet nach ca. 20 Minuten an einem Haus, an dem es links der Beschilderung „Brünnstein-

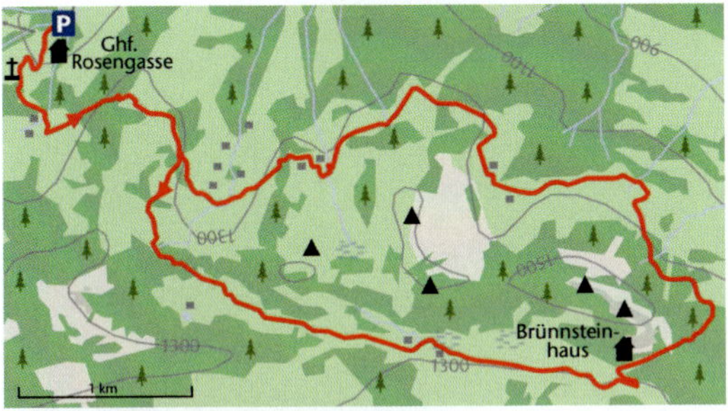

haus“ bzw. Weg Nr. 651 zuerst den Berg hinauf, dann nach einer Holzleiter gemächlicher am Hang entlang geht. An einer Gabelung den ansteigenden Weg nehmen. Auf einem kleinen Plateau wechselt der Steig in einen Forstweg, der nach kurzer Zeit eine wunderschöne Aussicht auf die umliegende Bergwelt freigibt, die von nun an den restlichen Weg zum Ziel begleitet. Bei der Bergwacht-Hütte noch einmal ein kurzes Stück links den Berg hinauf und das Brünnsteinhaus ist erreicht. Direkt an der Hütte würde der Einstieg auf den Gipfel (40 Min.) starten. Aber der Aufstieg ist als schwerer Wanderweg (drahtseilgesicherter, leichter Klettersteig) eingestuft, daher alleine mit Kind in der Kraxe nicht empfehlenswert. Gleicher Rück- wie Hinweg oder wer schwindel-

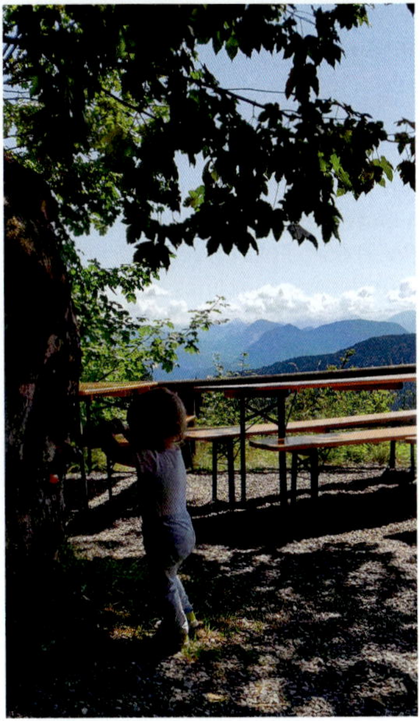

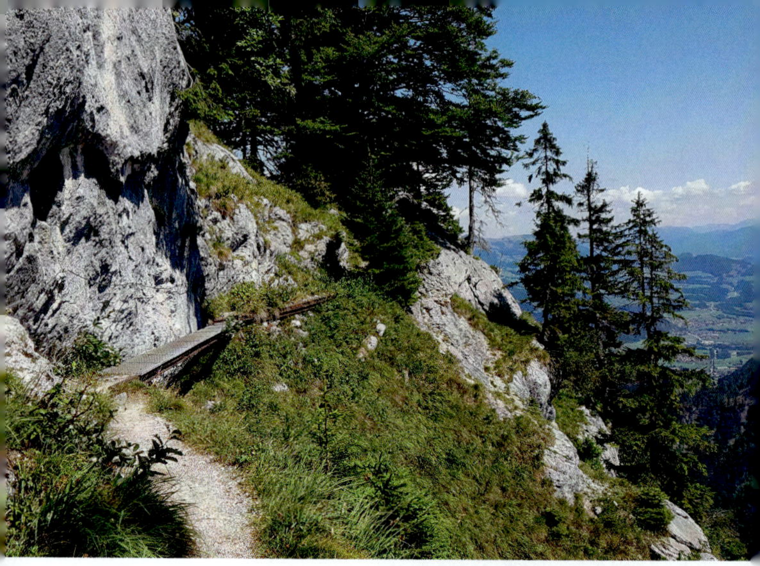

frei und bergerfahren ist, kann den Weg (657) Richtung Tatzelwurm/ Buchau wählen, der am hinteren Ende des „Biergartens" startet. Am Ende des Pfades der Forststraße (Weg 654) links folgen. Nachdem bei einigen Almen ein Viehzaun überwunden ist, ganz links am Haus vorbei über eine Wiese den Hang entlang. Achtung, der Pfad ist erst einmal etwas schwierig zu finden. Ein weiteres Mal geht es erst an Almen vorbei, dem Weg 654 folgend, bis an einer vermeintlichen T-Kreuzung genau gegenüber ein unscheinbarer Wiesenpfad über einen Bach Richtung Rosengasse startet. Wer aber die typischen Markierungen auf den Steinen beachtet, findet nach kurzer Zeit wieder den Weg, der in den Wald hinein und bergauf führt. Kurz darauf endet dieser an der Gabelung des Aufstiegpfades. Ab hier geht es denselben Weg zurück wie beim Anstieg.

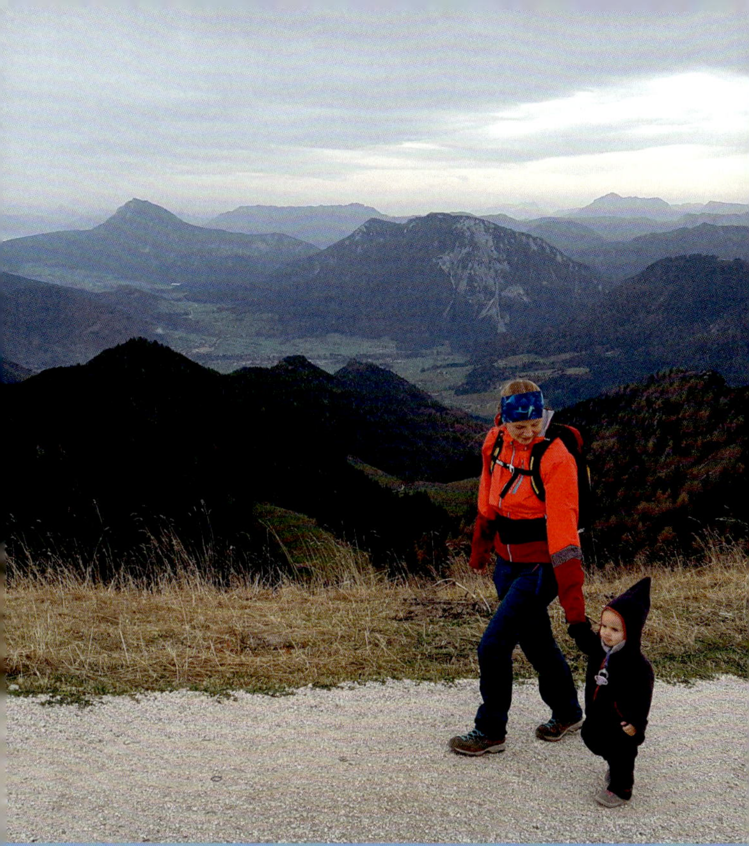

IV. Chiemgauer Eck

32 Kranzhornalm (1230 m)

Tirol, Erl: viele Attraktionen für Groß und Klein

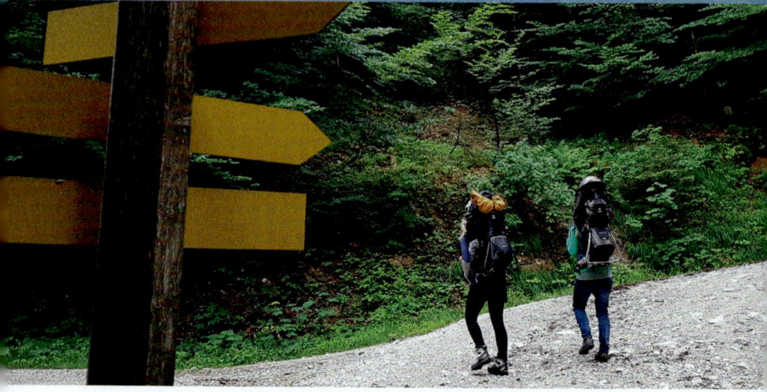

Die Kranzhornalm ist ein Kinderparadies und der Weg hinauf ist abwechslungsreich. Nach einem kurzweiligen Aufstieg wartet nicht nur leckeres Essen, sondern auch ein kleiner Streichelzoo und ein großer Spielplatz auf die Kinder. Wenn ihr noch ein paar Höhenmeter macht, wartet außer einer grandiosen Aussicht ein witziges Kuriosum auf euch. Da die deutsch-österreichische Staatsgrenze genau über den Gipfel (1368 m) verläuft, ringen zwei Kreuze auf dem kleinen Plateau um die Aufmerksamkeit der Bergsteigerinnen.

Wetter: Anforderung: Gesamtdauer: 2 h

Anforderung: Mittel; 360 Hm; z.T. steile Stellen; ca. ⅔ Forstweg und ⅓ Steig.

Dauer: Aufstieg: 1 ¼ h; Abstieg: ¾ h; RW gesamt ca. 5,9 km; Gipfel zusätzlich ca. ½ h.

Wetter: Trockenes Wanderwetter. Steiniger und z.T. steiler Steig, daher herrscht Rutschgefahr bei nassen Bedingungen.

Gehende Kinder:	Unterwegs quert man eine Viehweide mit freilaufenden Schafen. Auf der Alm gibt's Kühe, Ziegen, Hasen und Hühner, außerdem eine große Wiese mit Spielplatz und kleinem Fußballfeld. Übernachtungsmöglichkeit im Schlaflager.
Kinderwagen:	Ja, über den Forstweg (dann nicht als Rundtour. Aufstieg wie Abstieg).
Knieschonender Abstieg:	Ja, über Forststraße.

Navi: A-6343 Erl, Erlerberg (Nähe Haus Nr. 14 – Straße bis zum Ende folgen). Wanderparkplatz Kranzhornhütte.

Anfahrt: Von München kommend A8, Inntaldreieck auf A93 Richtung Innsbruck. Ausfahrt Brannenburg/Nußdorf Richtung Nußdorf. In Nußdorf rechts Richtung Erl. Im Ort links abbiegen auf Erlerberg. Straße bergauf bis zum Parkplatz folgen.

Bus/Bahn: –

Ausgangspunkt/P: Kostenpflichtiger Wanderparkplatz (Richtpreis € 2)

Infos/Gaststätten: *Kranzhornalm, Tel. +43 676 4321436, www.kranzhorn.at, Mai–Mitte Nov., Ruhetag: keiner. *Hintermair-Alm am Rückweg gelegen, Kuchen und Milchprodukte aus eigener Erzeugung.

Wegbeschreibung: Am unteren Ende des Parkplatzes biegt rechts ein Forstweg mit der Beschilderung „Kranzhornalm über Bubenau" ab. Es geht ein Stück durch den Wald, dann über eine Viehweide auf der Straße und über die Wiese an einer Mauer entlang am Haus Bubenau vorbei. Dahinter startet der Steig, der sich zum Teil steinig und steil durch Wald und über Wiesen bis zur Alm hocharbeitet. Unterwegs lohnt sich ein Blick nach hinten, um die wunderschöne Aussicht zu genießen. Nach einer guten Stunde ist die Alm erreicht. Meine Kleine entdeckte sofort den Spielplatz und die verschiedenen Tiere. Wir wollten uns aber zuerst die zwei Kreuze am Gipfel genauer ansehen. Hinterm Haus geht es zusätzlich noch einmal ca. 20 Minuten über einen Pfad und einige Stufen den Berg hinauf Richtung Gipfelplateau. Oben wird es etwas eng und z.T. auch ausgesetzt, der letzte Anstieg zum Gipfel ist drahtseilgesichert. Wer nicht schwindelfrei und trittsicher ist sollte hier umkehren! Das

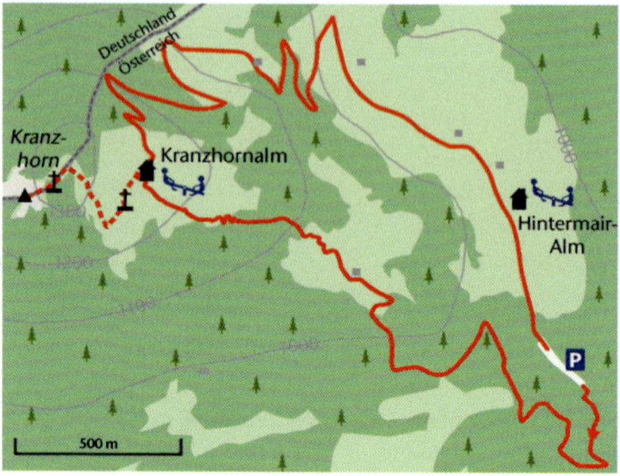

Plateau ist nicht besonders groß und zu allen Seiten geht's steil ins Inntal hinunter. Ich bin froh, dass meine kleine Gipfelstürmerin fest in der Kraxe gesichert ist. Die Aussicht ist super schön! Auf dem Rückweg machen wir eine ausgiebige Pause auf der Kranzhornalm. Für den Abstieg würden wir den gemütlicheren und knieschonenderen Forstweg (= Kinderwagenroute) empfehlen, der hinter der Alm startet und in ca. 45 Min., vorbei an der Hintermair-Alm, zum oberen Ende des Parkplatzes führt.

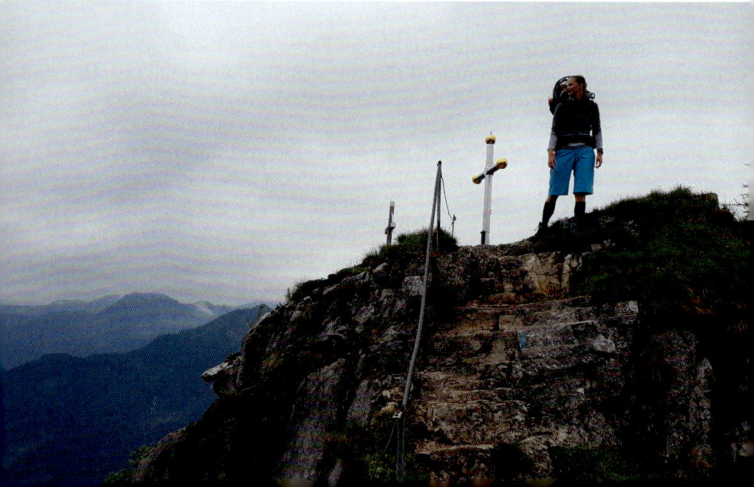

33 Daffnerwaldalmen (1050 m)

Samerberg/Nußdorf: bunte Frühjahrstour zur Krokusblüte ck

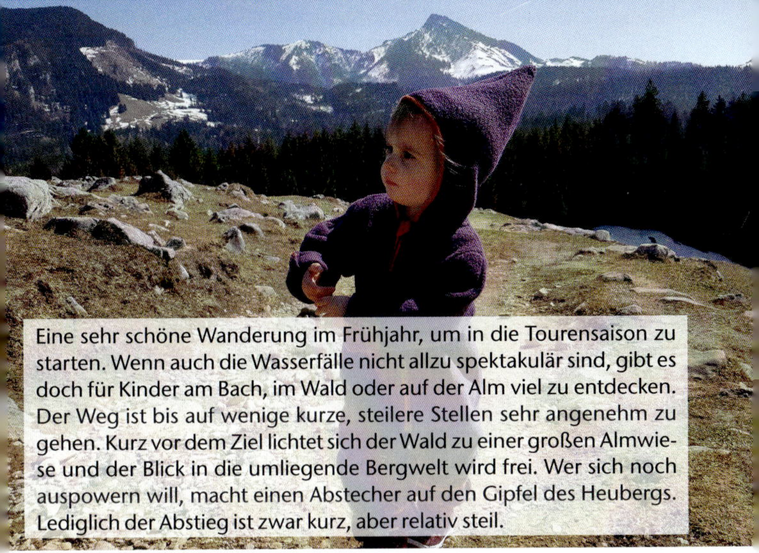

Eine sehr schöne Wanderung im Frühjahr, um in die Tourensaison zu starten. Wenn auch die Wasserfälle nicht allzu spektakulär sind, gibt es doch für Kinder am Bach, im Wald oder auf der Alm viel zu entdecken. Der Weg ist bis auf wenige kurze, steilere Stellen sehr angenehm zu gehen. Kurz vor dem Ziel lichtet sich der Wald zu einer großen Almwiese und der Blick in die umliegende Bergwelt wird frei. Wer sich noch auspowern will, macht einen Abstecher auf den Gipfel des Heubergs. Lediglich der Abstieg ist zwar kurz, aber relativ steil.

Wetter: 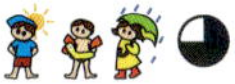 Anforderung:  Gesamtdauer: 2 h

Anforderung:	Leicht; 310 Hm; mäßige Steigung; ca. ⅔ Waldweg (teilweise Pfad) und ⅓ Asphaltstraße.
Dauer:	Aufstieg: 1 ½ h; Abstieg: ½ h; RW gesamt ca. 5,7 km; Gipfel zusätzlich ca. 1 ½ h.
Wetter:	Frühjahr bis Spätherbst. Im Frühjahr noch einige Schneefelder möglich. Auch im Sommer bei Hitze geeignet.

Gehende Kinder:	Am Gasthof Duftbräu gibt's einen riesigen Spielplatz und Tiere (wir haben Esel gesehen). Nach dem Wasserfall lädt das Bächlein zum Pausieren und Abkühlen ein. Auf der Daffnerwaldalm gibt's viel Wiesenfläche zum Toben.
Kinderwagen:	Bedingt – dann vom Wanderparkplatz direkt auf die Daffnerwaldalm (fester Waldweg und steile Asphaltstraße).
Knieschonender Abstieg:	Bedingt (sehr steile Stellen).

Navi: D-83122 Samerberg, Schweibern 1.

Anfahrt: Von München kommend A8 Ausfahrt Achenmühle/Samerberg/Törwang. Links Richtung Samerberg. In Achenmühle rechts abbiegen, durch Törwang und weiter Richtung Gasthof Duftbräu. Nach einer Kurve rechts auf Parkplatz Schweibern einbiegen.

Bus/Bahn: –

Ausgangspunkt: Kostenloser Wanderparkplatz Schweibern.

Infos/Gaststätten: *Berggasthof Duftbräu, Tel. 08032 8226, www.duftbraeu.de, aktuelle Schließtage und Betriebsferien finden sich auf der Homepage. Großer Spielplatz für Kinder. *Lagler Hütte, Tel. 0172 6021388, Mitte Mai bis Mitte Oktober Di bis So, Mitte Oktober bis Mitte Mai Do bis So. *Deindlalm, Tel. 0171 4215310, www.deindlalm.de, Mai bis Oktober täglich geöffnet, Oktober bis Mai Di bis So.

Wegbeschreibung: Vom Parkplatz geht's erst einmal an der Straße zurück und den Berg hinauf am Berggasthof Duftbräu vorbei. Kurz danach biegt ein etwas unscheinbarer Forstweg vor einer Brücke rechts den Berg hinauf. Direkt an den Wasserfällen vorbei verläuft der Weg neben dem Bach entlang, der nach kurzer Zeit gemächlich neben uns dahinplätschert. Kurze Zeit später geht es erst über eine Lichtung (Schild Richtung Heuberg) und dann in den lichten Wald hinein, der erst gemütlich und später steiler über einige Wurzeln auf die Almwiesen führt. Ein perfekter Moment, kleine Selbstläuferinnen aus der Kraxe zu befreien und sie das letzte Stück selbst laufen zu lassen. Im Frühjahr gibt's viele Blumen und Insekten zu entdecken und bestaunen. Zum ersten

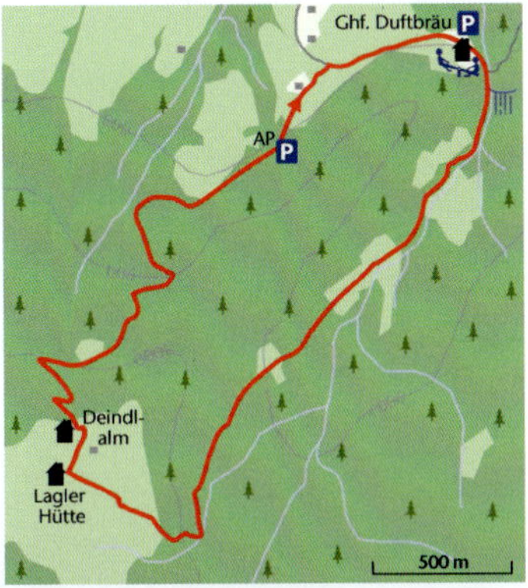

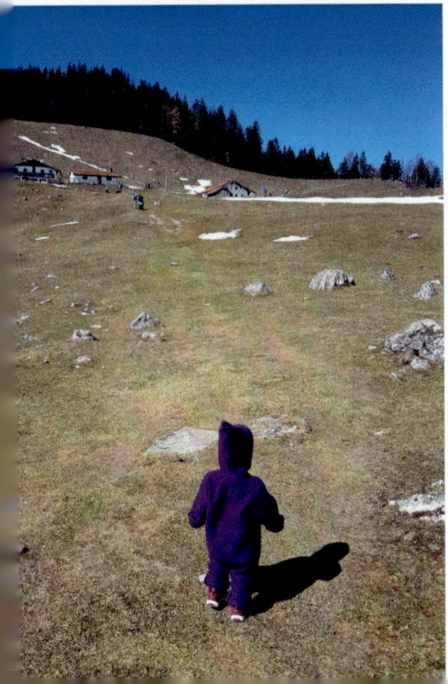

Mal kann man die Weitsicht auf die umliegende Bergwelt genießen. Nach ca. 1,5 Stunden sind wir am heutigen Ziel angekommen, vor uns erscheinen die Lagler Hütte und die Deindlalm. Während auf dem bisherigen Weg wenig Wanderer mit uns unterwegs waren, ist hier richtig die Hölle los. Einen Platz bei einer der Hütten finden wir trotzdem. Von hier startet auch der zusätzliche Gipfelaufstieg zum Heuberg (eine Strecke ¾ h). Hinweis: Der Abstieg zum Parkplatz ist im Gegensatz zum Aufstieg wenig spannend, aber kürzer und steiler. Wer es schöner und gemütlicher angehen möchte, wählt den gleichen Rück- wie Hinweg. Ansonsten geht es der Asphaltstraße folgend relativ steil den Berg hinab, bis ein Forstweg rechts zum Parkplatz abzweigt. Ab und zu führt eine Abkürzung in den Wald hinein, was bei Nässe aber nicht zu empfehlen ist. Der Forstweg endet direkt am Ausgangspunkt, dem Parkplatz Schweibern.

34 Priener Hütte (1410 m)

Sachrang/Huben: familienfreundliche Hüttenidylle

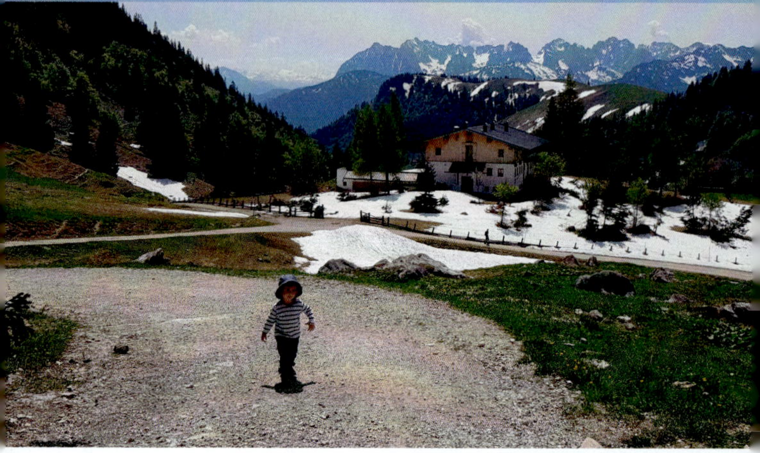

Eine schöne und nicht zu alpine Tour auf die Priener Hütte. Länge und Höhenmeter sollten aber nicht unterschätzt werden. Nicht vergessen, für die größeren Kinder vorher die Aufstiegsrallye der Priener Hütte aus dem Internet auszudrucken! Der Logenplatz am Ziel mit Blick auf den Wilden Kaiser entschädigt für den schweißtreibenden Aufstieg.

Wetter: ◐ Anforderung: ● Gesamtdauer: 3 ¾ h

Anforderung:	Mittel; 690 Hm; mäßige Steigung; ¾ Fahrweg, ¼ Steig.
Dauer:	Aufstieg: 2 h; Abstieg: 1 ¾ h; gesamt 10,8 km.
Wetter:	Ganzjährig auch bei Regen und Schnee machbar.

Gehende Kinder:	Keine alpinen Schwierigkeiten, aber etwas längere Tour. Für den Aufstieg gibt es eine Rallye (siehe Homepage). Auf der Hütte kann man übernachten, es gibt ein extra Spielzimmer und draußen einige Spielgeräte wie z.B. Rutsche und viel Platz zum Spielen. Zwei Katzen haben sich sehr über ein paar Streicheleinheiten gefreut. Im Winter Abfahrt mit der eigenen Rodel möglich.
Kinderwagen:	Nicht zu empfehlen, es gibt zwar eine Forststraße, sie ist aber immer wieder sehr steil.
Knieschonender Abstieg:	Ja.

Navi: D-83229 Aschau im Chiemgau, Huben 8. Kurz davor (von Aschau kommend) an der Hauptstraße Wanderparkplatz auf der rechten oder kleiner Parkplatz am Waldrand auf der linken Seite.

Anfahrt: Von München kommend A8 Ausfahrt Frasdorf Richtung Aschau fahren. Weiter Richtung Sachrang. Vorgelagerter Teilort Huben.

Bus/Bahn: München Hbf. mit dem Zug nach Prien am Chiemsee. Umstieg in Regionalbahn Richtung Aschau (Chiemgau). Umstieg in Bus 9502 Richtung Sachrang, Haltestelle „Geigelstein Aufstieg".

Ausgangspunkt/P: Kostenloser Parkplatz am Waldrand am Geigelstein-Aufstieg. Alternativ kostenpflichtiger Wanderparkplatz (Richtpreis € 2) auf der anderen Straßenseite.

Infos/Gaststätten: *Priener Hütte, Tel. 08057 8057, www.prienerhuette.de, ganzjährig geöffnet (außer Adventszeit), kein Ruhetag.

Wegbeschreibung: Viel Zeit zum gemütlichen Warmlaufen bietet dieser Anstieg auf die Priener Hütte nicht. Direkt am Parkplatz startet der etwas steilere Waldweg, auf dem innerhalb von 800 m bereits die ersten 140 Hm überwunden werden. Dafür geht es im Anschluss erst einmal etwas angenehmer auf dem Forstweg bergauf weiter. Nach insgesamt ca. einer Stunde zweigt an einer scharfen Linkskurve der Grünbodensteig rechts in den Wald ab. Ein bisschen wie im Dschungel fühlt man sich kurzzeitig schon, der Untergrund ist recht uneben und die Bäume und Büsche wuchern den Weg zu, sodass man mit den Kindern auf dem Rü-

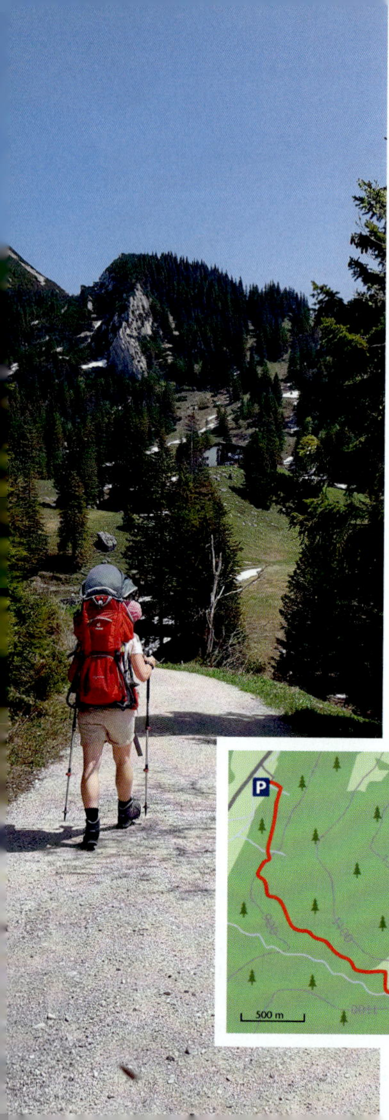

cken aufpassen muss, damit diese nicht ständig von Ästen getroffen werden. Aber spannender als der normale Fahrweg ist das allemal. Nach einer halben Stunde mündet der Steig auch wieder auf dem urspünglichen Weg und führt in ca. einer weiteren halben Stunde ans Ziel. Beim Erreichen des Plateaus mit einem kleinen See zeigt sich die Hütte direkt vor uns am Hang unterhalb des Geigelsteins. Die Aussicht ist wunderbar! Von hier oben drängt sich vor allem der Wilde Kaiser in den Vordergrund. Wer einen gemütlicheren und knieschonenderen Abstieg möchte, wählt den Forstweg und lässt den Grünbodensteig aus.

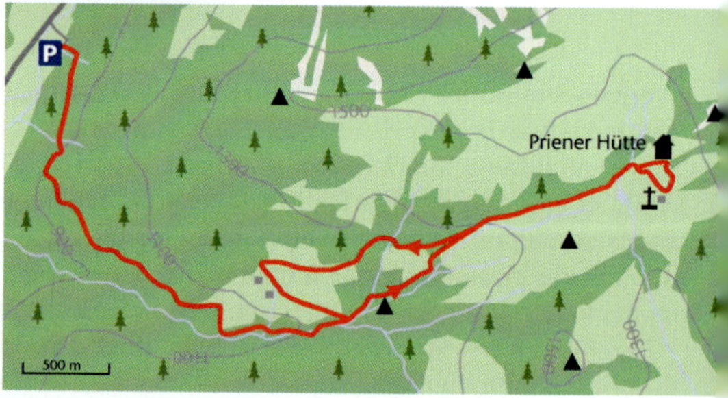

35 SonnenAlm & Kampenwand (1500 m)

Aschau: Rundtour auf die unbekannte Seite der Kampenwand ck

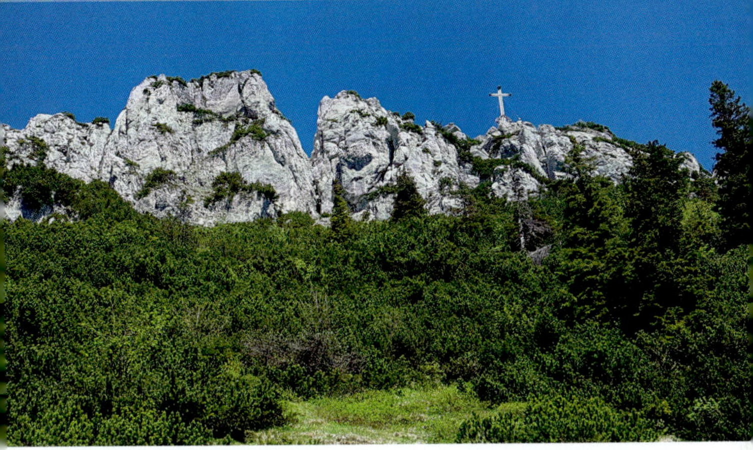

Was als sehr einfache Tour auf einem touristischen Panoramaweg beginnt, wird in der zweiten Hälfte einsam, wild und zum Teil auch etwas steiler. Die vergleichsweise wenigen Höhenmeter verteilen sich auf hauptsächlich zwei etwas anstrengendere Anstiege. Die grandiose Aussicht und die Chance auf ein paar Murmeltiere lassen die Anstrengung aber schnell vergessen.

Wetter: Anforderung: Gesamtdauer: 3 h

Anforderung: Mittel; 260 Hm; mäßige Steigung; ⅓ Fahrweg, ⅔ Steig.

Dauer: RW: ca. 3 h; gesamt 4,5 km.

Wetter: Ab spätem Frühjahr, wenn der Schnee komplett weg ist und bei trockenem Wetter. Im Hochsommer sehr heiß und wenig Schatten.

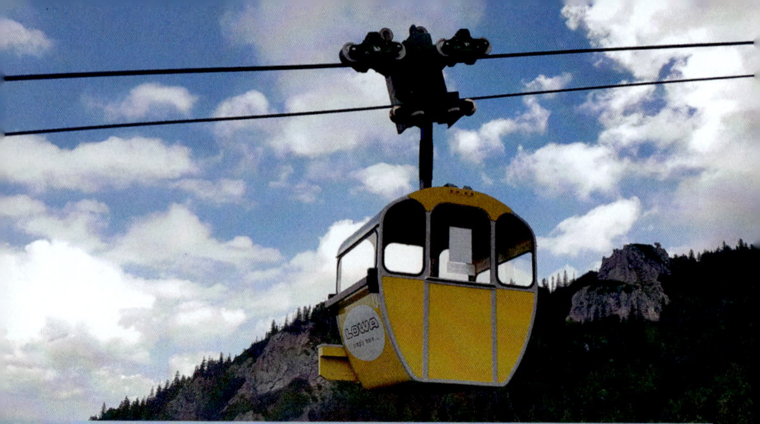

Gehende Kinder:	Die beschriebene Runde ist nur für große, gehfreudige Kinder. Es gibt jedoch auch weitere, gut beschilderte und breite Wege am Plateau der Kampenwand, die für Kinder geeignet sind.
Kinderwagen:	Siehe unter „Gehende Kinder“. Bis zur Steinlingalm kann man mit dem Kinderwagen fahren.
Knieschonender Abstieg:	Nein.

Navi: D-83229 Aschau im Chiemgau, An der Bergbahn 8.

Anfahrt: Von München kommend A8 Ausfahrt Frasdorf Richtung Aschau fahren. In Aschau Kreisverkehr erste Ausfahrt Richtung Kampenwandbahn nehmen. Beschilderung folgen.

Bus/Bahn: München Hbf. mit dem Zug nach Prien am Chiemsee. Umstieg in Regionalbahn Richtung Aschau (Chiemgau). 2 km Fußweg oder Bus 9502, Haltestelle „Hohenaschau Kampenwandbahntalstation“.

Ausgangspunkt/P: Kostenpflichtiger Parkplatz an der Talstation (Richtpreis € 2).

Infos/Gaststätten: *Kampenwand-Bahn, www.kampenwand.de, Tel. 08052 4411, Richtpreis Berg- und Talfahrt, € 20/23. Zu Gondelfahrten mit Kindern siehe unter Einleitung. *SonnenAlm, Tel. 08052 4411, www.kampenwand.de, bei Bergbahnbetrieb täglich geöffnet, Übernachtungsmöglichkeiten. *Steinlingalm, Tel. 08052 2962, www.steinlingalm.de, Mai bis Okt., Ruhetag: Mo und Ende Dez bis März Do–So.

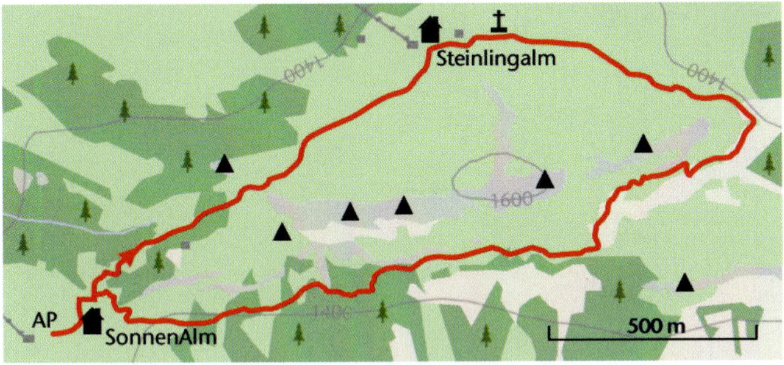

Wegbeschreibung: Die Rundtour beginnt mit der Auffahrt mit der nostalgischen Bergbahn. Dann vorbei an der großen SonnenAlm und den Schildern Richtung Steinlingalm folgen. Gemütlich schlendern wir mit den vielen Bergtouristen den ebenen, breiten Fahrweg entlang bis zur viel besuchten, aber netten Steinlingalm. Der Steig startet gleich danach an der Kapelle, ab hier wird's wild und einsam. Durch einige Latschen windet sich der Pfad erst leicht bergab, um dann in den ersten steileren Anstieg überzugehen. Sehr abwechslungs- und aussichtsreich geht es dann im wechselnden Bergauf und -ab unterhalb des Kampenwandmassivs am Hang entlang. Abzweigungen ins Tal oder auf einen der Gipfel ignorieren. Bevor es an den letzten Anstieg zur SonnenAlm geht, müssen noch ein paar unwegsame (z.T. wetterbedingt auch rutschige) Höhenmeter abwärts überwunden werden. Hier ist etwas Vorsicht geboten! Gleich geschafft, noch einmal alle Energiereserven bündeln und im Zickzack den stehr steilen Hang unterhalb der Alm hinauf steigen. Dafür ist das kalte Getränk auf der SonnenAlm im Anschluss echt verdient!

36 Gasthaus Klobenstein (630 m)

Schleching: über den Schmugglerweg zum Gasthaus Klobenstein

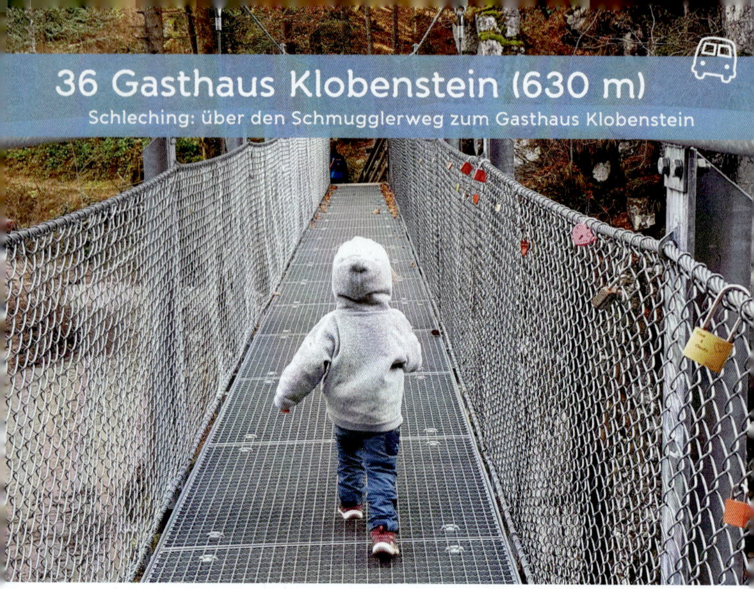

Eine schöne „gemütliche“ Herbsttour, die trotzdem kein langweiliger Spaziergang ist. Ein schöner Weg, eine abenteuerliche Hängebrücke, ein rauschender Bach, eine mysteriöse Sage und ein gespaltener Fels ... Hier gibt es viel zu erleben. Vor allem größeren Kindern macht die grenzüberschreitende Wanderung richtig viel Spaß. Jedoch sollte die Länge nicht unterschätzt werden.

Wetter: Anforderung: Gesamtdauer: 3 h

Anforderung: Leicht; 260 Hm; kurzer steiler, gesicherter Steig; Forstweg.

Dauer: Aufstieg: 1 ½ h; Abstieg: 1 ½ h; gesamt 9,3 km.

Wetter: Jedes Wanderwetter, auch bei Nässe gehbar. Bei Schnee könnte der kurze Steig etwas gefährlich sein; 75% Schatten.

Gehende Kinder:	Für gehfreudige Kinder ein toller Weg. An einer kurzen steilen und leicht ausgesetzten Stelle ist etwas Vorsicht geboten. Ein lange Hängebrücke und direkter Zugang zum Wasser sind sicher das Highlight dieser Tour.
Kinderwagen:	Nein.
Knieschonender Abstieg:	Ja.

Navi: D-83259 Schleching, Geigelsteinstraße 55.

Anfahrt: Von München kommend A8 Ausfahrt Bernau am Chiemsee. B305 Richtung Marquartstein/Kössen. Nach Marquartstein rechts auf die B307 Richtung Schleching und weiter nach Ettenhausen. Dort rechts abbiegen in die Schlechinger Str. und weiter auf die Geigelsteinstraße. Dieser bis zum Ende zum Wanderparkplatz folgen.

Bus/Bahn: Mit dem Zug von München Hbf. Richtung Salzburg. Ausstieg Übersee, von dort weiter mit Bus 9509 zur Hst. Ettenhausen/Schleching. 10 Minuten Fußweg zum Ausgangspunkt.

Ausgangspunkt/P: Kostenpflichtiger Parkplatz an der Geigelsteinbahn (Richtwert € 2 Tagesticket.)

Infos/Gaststätten: *Gasthaus Klobenstein, Tel. +43 664 5138178, www.gasthaus-klobenstein.com, die Sage zum Klobenstein kann hier nachgelesen werden, Öffnungszeiten bzw. individuelle Schließzeiten der Homepage entnehmen.

Wegbeschreibung: Von Anfang an ist der „Schmugglerweg"/Klobenstein auf den gelben Wanderschildern gut gekennzeichnet. So geht es eher ungewöhnlich am hinteren Ende des oberen Parkplatzes für einen kurzen Moment erst einmal einen Forstweg bergab. Ein Wanderweg führt rechts am Waldrand entlang, bis er wieder auf einen Forstweg trifft. Den Schildern und dem Forstweg folgend immer leicht bergauf. Unterhalb liegt ein kleiner See und am Wegrand tauchen plötzlich Felswände auf. An einer Brücke geht es links über einen Bach weiter, hinein in den Märchenwald. Nach insgesamt einer Stunde stehen wir plötzlich in einer Sackgasse der Forststraße. Nach kurzem Suchen finden wir dann aber den tatsächlichen Schmugglerweg, der rechts den Berg hinaufführt. Nicht umsonst hat er diesen Namen! Hier wird es für die nächste Viertelstunde etwas alpiner. Eine gesicherte Stelle, einige

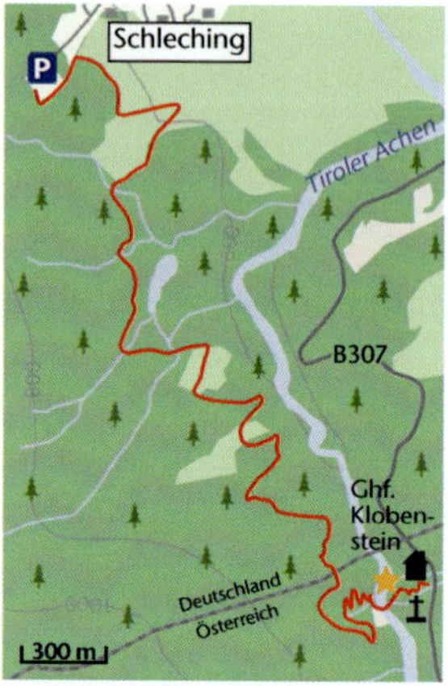

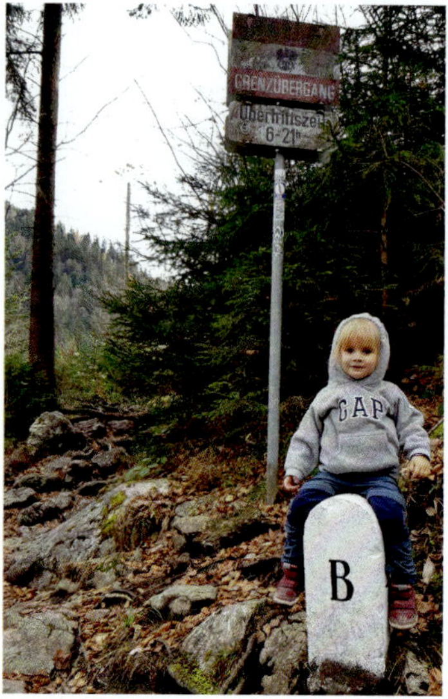

Steine, Wurzeln und Stufen müssen zuerst bis zur Landesgrenze bergauf und dann noch einmal ein kurzes Stück bergab überwunden werden. Hier bitte gehende Kinder an die Hand nehmen, da es etwas ausgesetzt sein kann! Eine kurze Rast auf der Bank am höchsten Punkt lässt schon das Ziel erkennen. An einer Kreuzung nicht mehr dem Schmugglerweg Richtung Kössen folgen, sondern links Richtung Klobenstein abbiegen. Ein paar Serpentinen geht es nach unten und schon überquert man die imposante Hängebrücke über das türkisblaue Wasser. Der direkte Zugang zum Wasser lädt natürlich dazu ein, Holzboote schwimmen oder Steine flippen zu lassen. Das Gasthaus Klobenstein und die Kapelle bzw. der tatsächlich sagenumwobene Klobenstein (gespaltener Fels) liegen in unmittelbarer Nähe ein paar Meter den Berg hinauf. Auf dem gleichen Weg geht es nach einer ausgiebigen Pause wieder zurück.

37 Hochfellnhaus (1674 m)

Ruhpolding: Alpengasthaus mit Rundumblick

ck

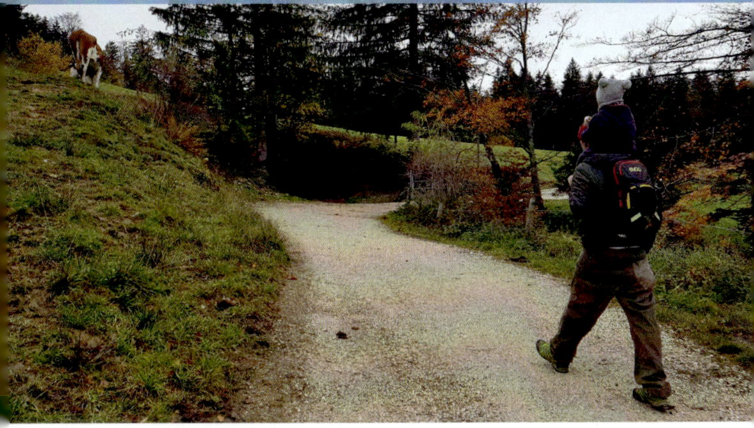

Einsam ist man nicht, wenn man auf den Hochfelln geht. Vor allem am Wochenende ist hier, nicht zuletzt aufgrund der Gondel und der vielen Einkehrmöglichkeiten richtig viel los. Dafür wird man bei dieser mittelschweren Tour mit einer tollen Aussicht auf den Chiemsee belohnt. Der Weg ist abwechslungsreich und gut begehbar, so dass man zwischen steileren Passagen auch einmal Zeit zum Durchatmen und Aussicht genießen hat!

Wetter: Anforderung: Gesamtdauer: 4 h

Anforderung: Mittel; 680 Hm; je zur Hälfte Forstweg und Steig.

Dauer: Aufstieg: 2 ½ h; Abstieg: 1 ½ h; RW gesamt ca. 13,5 km.

Wetter: Jedes nicht zu heiße Wanderwetter, wenig Schatten. Auch bei leichtem Nieselwetter möglich.

Gehende Kinder:	Bei Auffahrt mit Gondel gut geeignet. Oben gibt es einen 2 km langen Lehrpfad und Panoramarundweg. Am Ausgangspunkt (Steinbergalm) befindet sich ein Hirschgehege neben dem Parkplatz.
Kinderwagen:	Die Teilstrecke bis zur Bründlingalm ist möglich (ca. ¾ h eine Strecke)
Knieschonender Abstieg:	Ja (dann mit der Gondel bis Mittelstation abfahren).

Navi: D-83324 Ruhpolding, Steinberg-Alm 1.

Anfahrt: Von München kommend A8 Ausfahrt Traunstein/Siegsdorf. Richtung Ruhpolding. In Obergschwendt rechts halten Richtung Berggasthaus Steinbergalm.

Bus/Bahn: –

Ausgangspunkt/P: Kostenpflichtiger Parkplatz beim Gasthaus Steinbergalm (Richtwert € 2).

Infos/Gaststätten: *Hochfellnhaus, Tel. 08662 8233, www.hochfelln.de, Mitte Dez. bis Ende Okt. (entsprechend Betriebszeiten Seilbahn), Ruhetag: keiner. *Bründlingalm, Tel. 08662 8231, www.bruendlingalm.de, gänzj. geöff., Ruhetag: keiner. *Ödkaser, Tel. 08662 8468, ganzj. geöff., bei schlechter Witterung geschlossen. *Steinbergalm, Tel. 08663 1720, www.steinberg-alm.de, Ende Dez. bis Okt., Ruhetag Winter: Freitag.

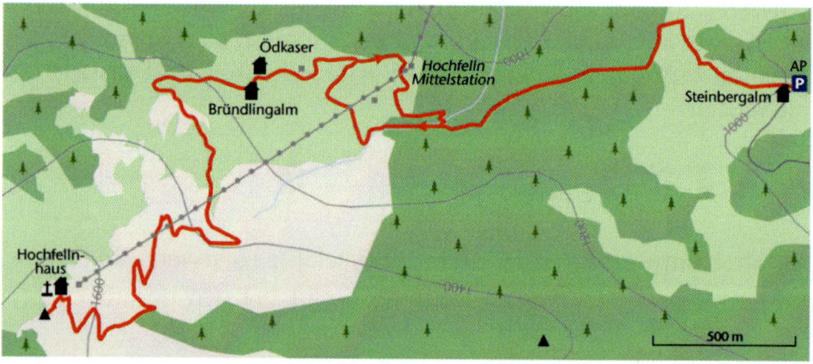

Wegbeschreibung: Hinter der Steinbergalm startet direkt der Wiesenweg Richtung Hochfelln. Gemütlich geht es einen breiten Fahrweg an einer Kuhweide entlang, bis an einer T-Kreuzung der Weg links in einen Wald hinein führt. Nach ca. 20 Minuten biegt der Forstweg erst links, einem Bächlein folgend, dann außerhalb des Waldes noch einmal links Richtung Hochfelln ab. Rechts erscheint die Mittelstation der Hochfellnbahn und entlang der Seilbahn ist der Wegverlauf grob erkennbar. Der Forstweg führt bis zu den bewirtschafteten Almen Ödkaser und Bründlingalm – ab hier geht ein Steig weiter. Später an einem kleinen Übergang zwischen Latschenkiefern wird dann zum ersten Mal der Blick bis in die Zentralalpen hinein frei. Am Gipfelplateau tummeln sich viele Touristen, der Panoramaweg (ca. 30 Minuten) ist dagegen nicht so sehr besucht und das Gipfelkreuz steht fast einsam etwas versetzt hinter dem Hochfellnhaus. Rück- wie Hinweg. Abwechslung zum Aufstiegsweg bringt am Rückweg ein kleiner Abstecher (kurz nach dem Ödkaser) über einen Pfad an der Mittelstation vorbei und weiter in den Wald hinein, bis die Kreuzung vom Anfang wieder erreicht ist.

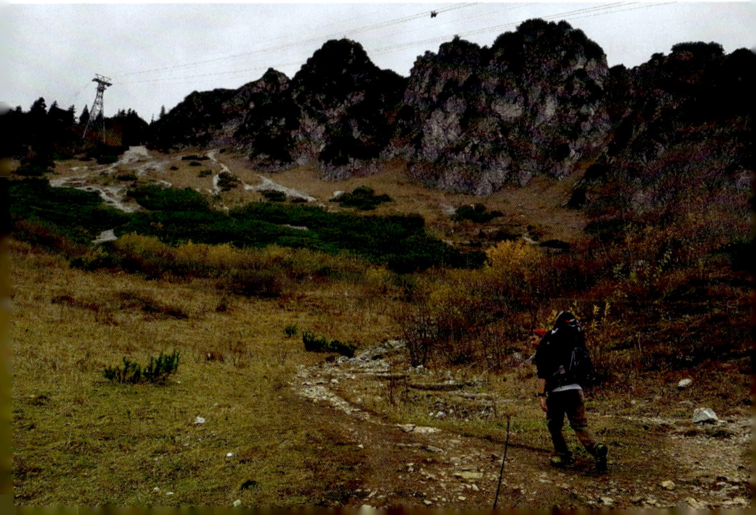

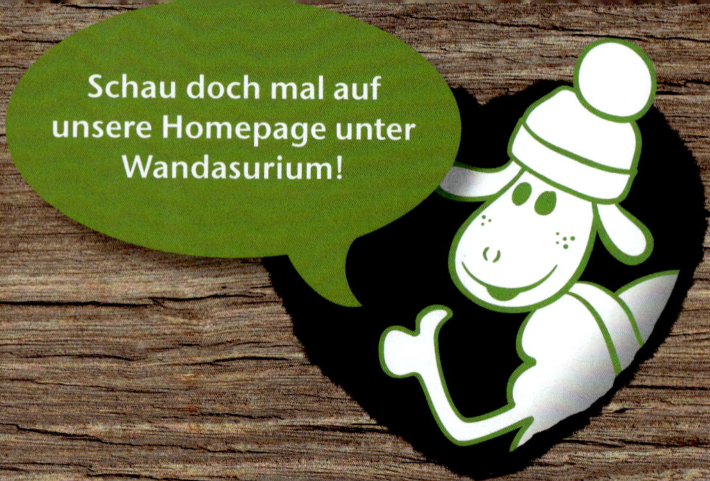

Dort findest du jede Menge
- Tipps
- Packlisten
- Sicherheit
- Ausrüstung
- Wandertricks
- und unseren Wandapass

- uvm.

Unser Verlag auf Social Media:

Instagram: wandaverlagtoptouren

Facebook: Wandaverlag

Weitere Tipps und herrliche Wanderungen warten auf euch!

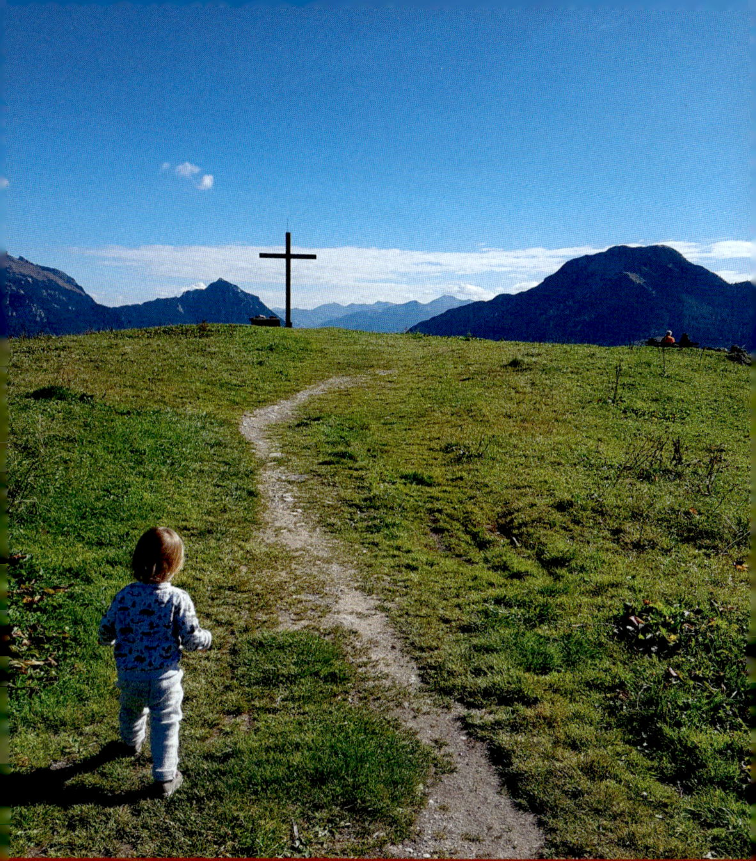

V. Tiroler Eck

38 Lamsenjochhütte (1953 m)

Tirol, Eng: über die kinderfreundliche Binsalm ins wilde Karwendel

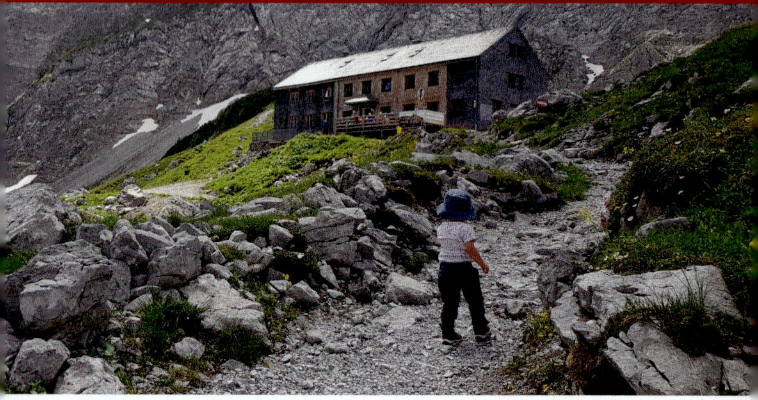

Eine atemberaubende Tour inmitten einer der schönsten Regionen der Alpen. Nach ca. 40 Minuten kommt man bereits an der vielbesuchten, aber trotzdem sehr schönen Binsalm vorbei. Danach wird's ruhiger und wilder. Wenn auch der Weg zur Lamsenjochhütte nicht weiter schwierig oder gar gefährlich ist, fühlt es sich doch an, als wäre man im hochalpinen Gelände unterwegs. Nur wenige Bäume und ganz viel Weitsicht begleiten uns zum Ziel.

Wetter: Anforderung: Gesamtdauer: 4½h

Anforderung:	Schwer aufgrund der Länge; 820 Hm; moderate Steigung, manchmal abschüssig; ca. ¼ Forstweg, ¾ Wanderwege.
Dauer:	Aufstieg: 2 ½ h; Abstieg: 2 h; gesamt 10,5 km.
Wetter:	Klassisches, aber nicht zu heißes Wanderwetter. Wenig Schatten. Im Frühjahr Schneelage checken.

Gehende Kinder:	Aufgrund der Länge und Höhe nur für ältere, sehr gehfreudige Kinder. Auf der Binsalm gibt's einen Kinderspielplatz, Kühe und einen Streichelzoo mit Ponys, Ziegen und Hasen. Übernachtung Montag bis Donnerstag für Kinder unter 10 Jahren im Lager frei.
Kinderwagen:	Bis Binsalm möglich.
Knieschonender Abstieg:	Bedingt, da es immer wieder die Möglichkeit gibt, die breitere Forststraße zu gehen, siehe unter Anforderungen.

Navi: A-6215 Hinterriß, Hinterriß-Eng 1–2.

Anfahrt: Von München kommend A8 Ausfahrt Holzkirchen. B13 Richtung Bad Tölz, weiter über Lenggries und Sylvenstein-Stausee. In Vorderriß links halten Richtung Hinterriß und Eng. Die mautpflichtige Risstal Landesstraße (Richtpreis € 4,50) bis zum Ende (großer Wanderparkplatz am Gasthof „Die Eng") durchfahren.

Bus/Bahn: Von München Hbf. mit der BOB bis Lenggries, von dort RVO-Bus 9569 („Bergsteigerbus", verkehrt nur ca. Mai–Okt.) durchs Rißtal in die Eng.

Ausgangspunkt/P: Parkplatz am Gasthof „Die Eng".

Infos/Gaststätten: *Lamsenjochhütte, Tel. +43 5244 62063, www.alpenverein-muenchen-oberland.de/lamsenjochhuette, wenn es die Schneelage zulässt bis Mitte Oktober, kein Ruhetag. *Binsalm, großes Angebot für Kinder, Tel. +43 5245 214, www.binsalm.at, Mitte Mai bis Ende Okt., kein Ruhetag.

Wegbeschreibung: Ich freue mich schon so lange darauf, meiner Tochter einmal das Karwendel zu zeigen – mit der Tour auf die Lamsenjochhütte ist es endlich soweit. Direkt nach dem „Eingang" in die Eng-Alm und der kleinen Brücke biegt der Weg links ab. Über einen schmalen, steilen Steig geht es für ca. 20 Minuten den Berg hinauf, bis dieser den Forstweg (Adlerweg) erreicht und gemütlicher in weiteren 20 Minuten auf die Binsalm führt. Hier ist viel Überredungskunst gefragt, die Kinder von diesem kinderfreundlichen und gemütlichen Ziel wieder loszureißen und zum Weitergehen zu animieren. Es geht also erst einmal an der Alm vorbei ein kurzes Stück dem Fahrweg folgend und nach einer Rechtskurve gilt es links Richtung Lamsenjochhütte abzubiegen. Nach kurzer Zeit entscheiden wir uns den Fahrweg zu verlassen und auf

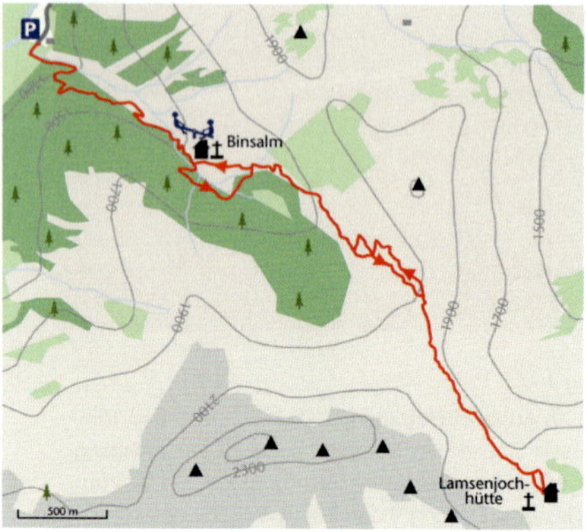

dem Wanderweg weiter zu gehen. Fahrweg und Wanderweg kreuzen sich immer wieder, ein Verlaufen ist hier praktisch ausgeschlossen. Sobald das Lamsenjoch (1940 m) erreicht ist, kann man schon die Hütte auf der anderen Seite sehen. Relativ eben geht es ab hier am schroffen Hang entlang, links unten im Tal ist die Gramaialm am Achensee zu sehen. Nach spätestens einer halben Stunde ist schließlich die von hohen Gipfeln umrandete Lamsenjochhütte erreicht. Von der Terrasse aus können BergsteigerInnen beim Erklimmen der umliegenden Berge beobachtet werden. Einziger Wermutstropfen ist, dass über dieselbe Aufstiegsroute auch wieder abgestiegen wird. Da wir im Aufstieg aber hauptsächlich die Bergwelt vor uns bestaunt haben, werden wir beim Abstieg mit einem atemberaubenden Panorama auf die Lalidererwände und die Falkengruppe belohnt. Zum Teil nehme ich jetzt die Fahrstraße, die einfach angenehmer für die Knie ist. An der Binsalm gibt es noch einen letzten Stopp. Ich hab's meiner Tochter versprochen. Es gibt ein Eis, es wird geschaukelt, gerutscht, Pony gestreichelt und Ziegen beobachtet. Die Kinder sind glücklich, die Eltern auch!

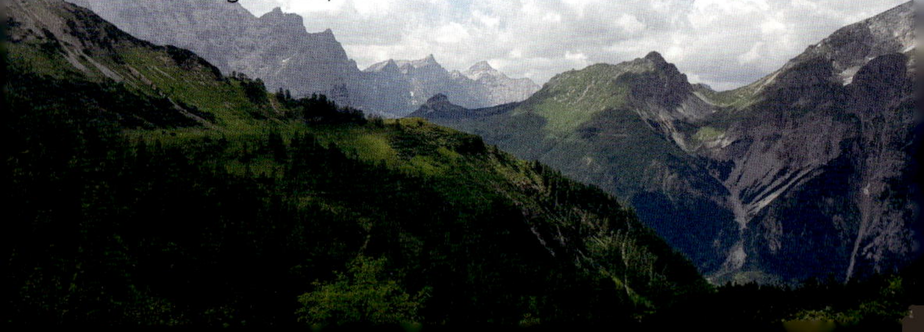

39 Feilalm (1372 m)

Tirol, Pertisau: ganzjähriges Karwendelhighlight ck

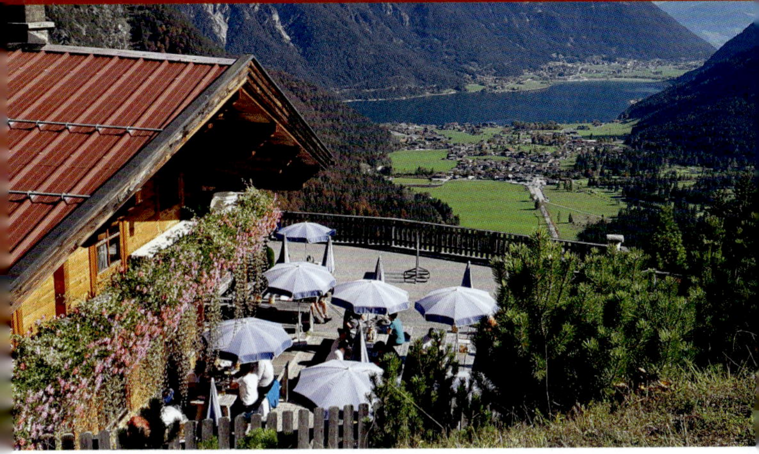

Eine absolute Highlight-Tour im Herbst. Die buntgefärbten Wälder, die schroffen Gipfel der umliegenden Karwendelberge und eine Aussichtsalm vom Allerfeinsten. Die Tour ist aber konditionell herausfordernd. Wer es gelassener angehen möchte, kann den Schlenker über den Feilkopf (1562m) und somit eine Stunde Gehzeit sparen.

Wetter: Anforderung: Gesamtdauer: 4 h

Anforderung: Mittel; 627 Hm; z.T. steile Stellen; ca. ⅔ Forstweg und ⅓ Steig.

Dauer: Aufstieg: 2 ½ h; Abstieg: 1 ½ h; RW gesamt ca. 13,5 km.

Wetter: Trockenes Wanderwetter.

Gehende Kinder:	Nur für extrem gehfreudige Kinder geeignet. Nach der Tour Abkühlung im Achensee möglich.
Kinderwagen:	Ja, über den Forstweg. Dann Auf- und Abstieg über Asphaltstraße (Richtung Gerntal) gehen bis zum Forstweg, der auf die Feilalm führt.
Knieschonender Abstieg:	Ja.

Navi: A-6213 Pertisau, Pertisau 38g. Wanderparkplatz direkt am Mauthäuschen.

Anfahrt: Von München kommend A8 Ausfahrt Tegernsee. Richtung Achensee und Pertisau. Durch den Ort bis Mauthäuschen in die Karwendeltäler.

Bus/Bahn: Mit dem Zug von München Hbf. Richtung Innsbruck, Ausstieg Jenbach. Weiter mit dem Bus 8332 nach Pertisau. Hst. Pertisau Karwendeltäler.

Ausgangspunkt/P: Kostenpflichtiger Wanderparkplatz bei Mauthäuschen (Richtpreis € 3)

Infos/Gaststätten: *Feilalm, kleiner Spielplatz, Tel. +43 676 6158919, www.feilalm.at, Mai–Ende Okt. und Ende Dez.–Mitte März, Ruhetag: keiner. *Almgasthaus Pletzachalm, Tel. +43 5243 5573, www.pletzachalm.at, Betriebsurlaub und Ruhetage siehe Homepage.

Wegbeschreibung: Der Weg startet erst einmal gemütlich und eben an der Straße entlang, Richtung Feilalm ins Karwendeltal hinein. Sieht eigentlich gar nicht so anstrengend aus, der grasbewachsene Feilkopf und die zugehörige Hütte, die direkt vor uns liegen?! Die Abzweigung an einem kleinen Wanderparkplatz links in den Wald hinein (Schild „Feilalm 1h“) beweist das Gegenteil. Ein schöner Steig schlängelt sich kontinuierlich bergauf den Hang entlang, bis er nach ca. einer halben Stunde auf einem Forstweg endet. Dieser würde auf direktem Weg zur Feilalm führen, wenn da nicht der Gipfel wäre, der mit einer wunderschönen Aussicht lockt. Also geht es einige Meter weiter links wieder auf einem relativ steilen Steig Richtung Gütenbergalm weiter. Auf knapp einem Kilometer werden ca. 230 Hm überwunden, bevor es etwas gemütlicher auf einer Almwiese weitergeht. An einer Kreuzung erscheint am gegenüberliegenden Hang die Gütenbergalm, zum Feilkopf zweigt ein Forst-

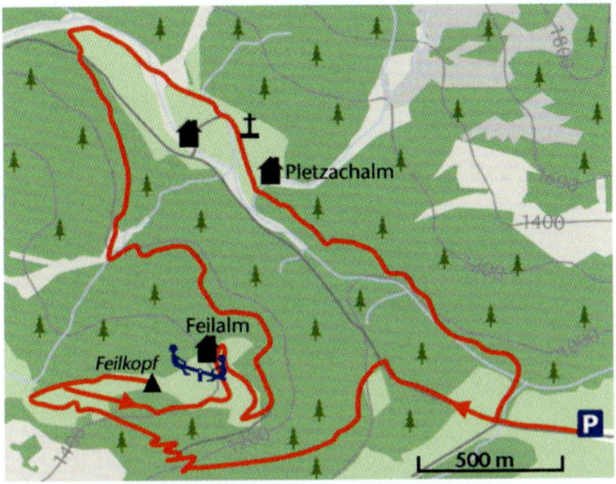

weg aber rechts noch einmal leicht ansteigend ab. Nach 20 Minuten ist der Gipfel erreicht und belohnt die Anstrengung mit einer Aussicht vom Allerfeinsten in die Karwendeltäler, auf den Achensee und das Rofangebirge. Hier kann auch die kleine Wandermaus aus der Kraxe und über die Wiese alleine bis zum Gipfelkreuz spazieren. Zurück geht es wie bekannt, dann aber links über den Forstweg zur Feilalm. Nach einer kurzen Gipfelrast geht's ein kleines Stück den Weg zurück und dann links den Forstweg hinunter, um den Berg herum auf die Feilalm, die mit ihrer Aussicht auf den Achensee dem Gipfel in fast nichts nachsteht. Der etwas längere Abstieg startet unterhalb der Feilalm. Ein Forstweg, der auch gerne von Mountainbikerinnen genutzt wird, führt in moderatem Gefälle ins Gerntal hinein. Im Tal die Asphaltstraße überqueren und Richtung Flussbett laufen. Dort beginnt der Wanderweg bzw. „Waldsteig“ (nicht kinderwagengeeignet) aus dem Tal hinaus Richtung Pertisau. Wer noch einmal eine Stärkung braucht, kann an der Pletzachalm eine Rast einlegen. An einer Abzweigung dem unteren Waldsteig weiter folgen, bis an einem Hochsitz der Weg auf eine Forststraße trifft, der wir über eine kleine Brücke aus dem Wald hinaus folgen. Nach kurzer Zeit trifft der Weg auf die Straße, auf der wir gestartet sind. Nur noch links abbiegen und der Allee zurück zum Mautparkplatz folgen. Der etwas lange, aber schöne Abstieg ist geschafft und das Auto erreicht. Im Winter kann der Forstweg von der Feilalm ins Gerntal hinab gerodelt werden.

40 Köglalm (1432m)

Tirol, Achenkirch: Heidifeeling am Achensee

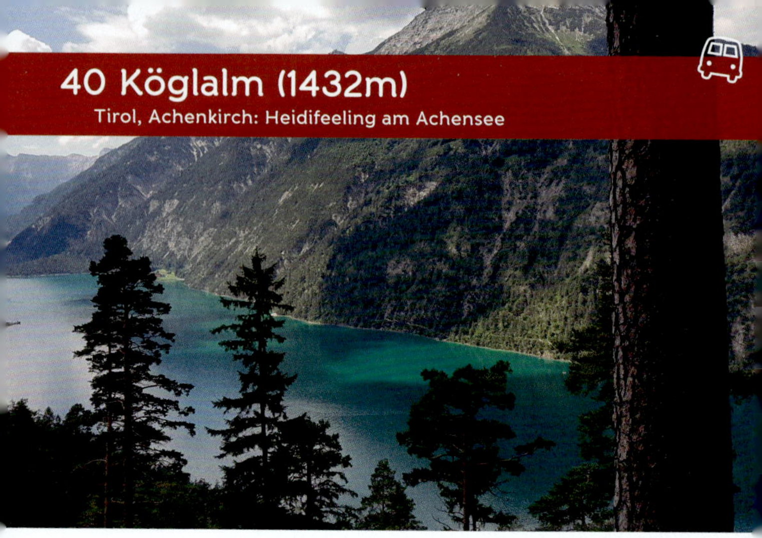

Eine wunderschöne, nicht allzu anstrengende Tour auf eine urige Alm auf der östlichen (Sonnen-)Seite des Achensees. Der Blick auf den See und die gegenüberliegende Seekarspitze ist gigantisch. Auf der kleinen Alm werden die Besucherinnen von freilaufenden Hühnern und Ziegen begrüßt. Hier kann man abseits der Touristenströme so richtig abschalten und in Ruhe die Aussicht genießen. Der knieschonende Abstieg über den Forstweg zieht sich etwas in die Länge.

Wetter: Anforderung: Gesamtdauer: 2½ h

Anforderung: Leicht; 440 Hm; mäßige Steigung; ½ Wanderpfad und ½ Forstweg (vor allem beim Abstieg).

Dauer: Aufstieg 1 ½ h; Abstieg 1 h; RW gesamt ca. 8 km.

Wetter: Frühling bis Herbst. Auch bei Hitze gut gehbar, da größtenteils schattig.

Gehende Kinder:	Nur für gehfreudige Kinder geeignet. Auf der Alm gibt es freilaufende Hühner und Ziegen. An heißen Tagen lockt der Achensee nach der Tour mit einer kalten Abkühlung.
Kinderwagen:	Ja, in diesem Fall Forstweg folgen.
Knieschonender Abstieg:	Ja.

Navi: A-6215 Achenkirch, Achenkirch 167.

Anfahrt: Von München kommend A8 Ausfahrt Tegernsee. B318 und 307 Richtung Achensee folgen. Am Tegernsee vorbei über Achenpass nach Österreich, dann B181 bis Achenkirch.

Bus/Bahn: Zug München Hbf. Richtung Innsbruck, Ausstieg Jenbach. Dann Bus 4080 nach Achenkirch. Hst. „Abzweigung Achensee".

Ausgangspunkt/P: Sehr kleiner Wanderparkplatz direkt an der B181 in Achenkirch. Gleich nach Hotel Cordial links abbiegen.

Infos/Gaststätten: *Köglalm, kleine Brotzeitkarte, Sitzgelegenheiten nur im Freien, Tel. +43 5246 6458, www.achensee.com/adressen/koeglalm, Anf. Mai bis Ende Okt., Ruhetag: keiner.

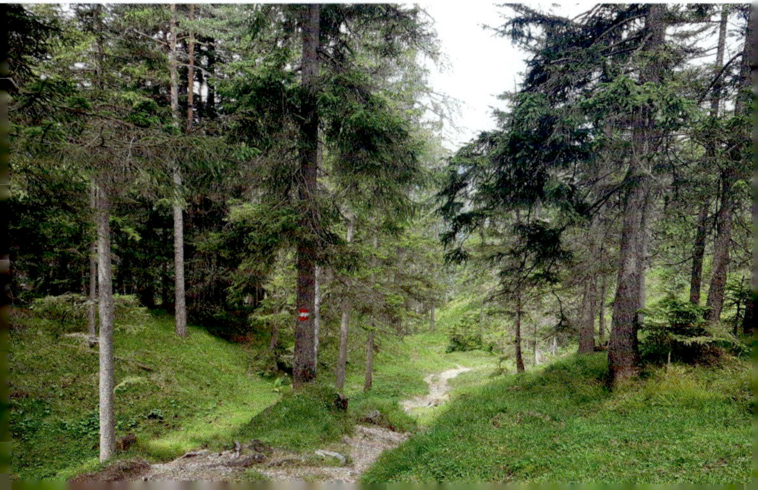

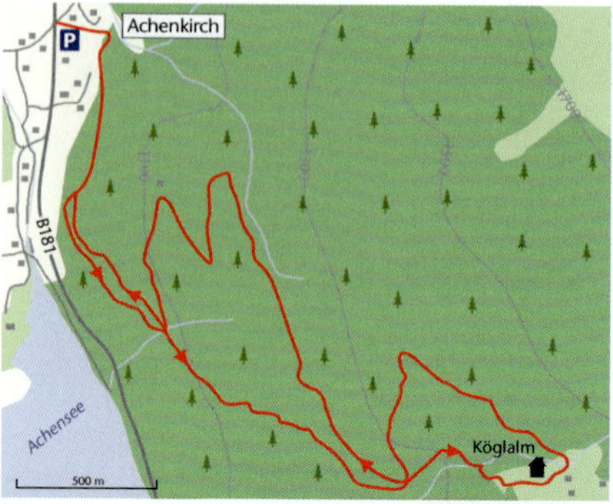

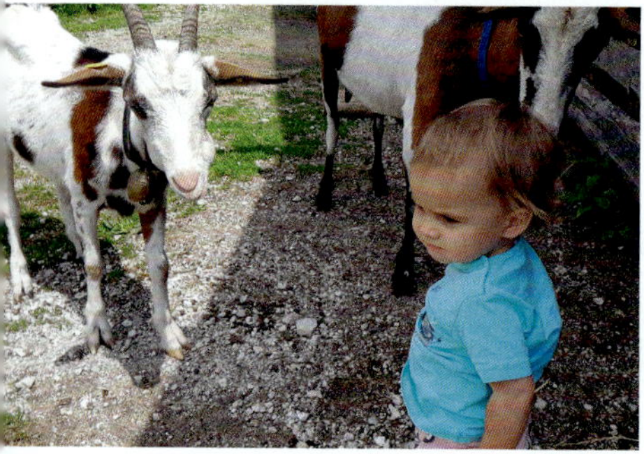

Wegbeschreibung: Vom Wanderparkplatz dem Fahrweg in den Wald hinein folgen und bei der nächsten Möglichkeit rechts Richtung Köglalm abbiegen. Nach ca. 500 m zweigt der Wanderpfad „Steig Köglalm“ rechts in den Wald hinein ab. Der Steig schlängelt sich parallel zur Forststraße sehr schön am Hang entlang. Der Achensee blitzt immer wieder in den schönsten Farben zwischen den Bäumen durch. Einmal kreuzt der Pfad den Fahrweg, ein anderes Mal „tangiert“ er diesen an einer Kurve. Hier aber dem kurzen Stück Forstweg geradeaus folgen, welcher nach kurzer Zeit wieder in einen Pfad übergeht. Ab hier führt der Weg direkt auf die Alm. Nach einer gemütlichen, kleinen Brotzeit müssen natürlich noch die Ziegen und Hühner besucht werden. Der Rückweg startet, dem Forstweg folgend, leicht ansteigend hinter der Alm. An der darauffolgenden Kreuzung links halten um dem Forstweg über einen längeren Marsch bis zum Parkplatz zurück zu folgen.

41 Dalfaz Alm (1693 m)

Maurach: eine Tour mit einigen spannenden Höhepunkten ck

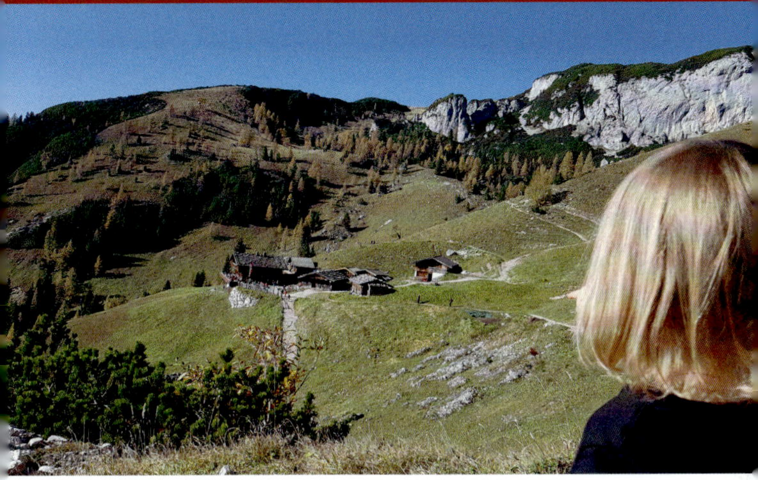

Der Weg ist nicht anspruchsvoll, aber die 920 Höhenmeter gehen gefühlt fast senkrecht den Berg hinauf, was doch – je nach Gewicht der kleinen Wanderinnen – einiges an Kondition erfordert. Dafür bietet die Tour sehr viele Highlights inkl. Wasserfall, mega Aussicht, einem Märchenwald und einer Gondelfahrt zurück ins Tal. Auch die Alm ist absolut einen Ausflug wert.

Wetter: Anforderung: Gesamtdauer: 3 ¼ h

Anforderung: Schwer; 920 Hm; steile Steigung; Wandersteig.
Dauer: Aufstieg: 2 h; Abstieg: 1 ¼ h; RW gesamt 7,3 km.
Wetter: Trockenes Wanderwetter.

Gehende Kinder:	Nur für sehr konditionsstarke, ältere Kinder. Auf der Alm gibt es einige Spielgeräte, an der Rofan-Bergstation einen Spielplatz und z. B. auch das Air Rofan. Der Achensee lädt nach der Tour zum Baden ein.
Kinderwagen:	Nein.
Knieschonender Abstieg:	Ja.

Navi: A-6216 Maurach, Buchauerstraße 3 (Parkplatz am Kinderhotel).

Anfahrt: Von München kommend A8 Ausfahrt Tegernsee. B318 und 307 Richtung Achensee folgen. Am Tegernsee vorbei über Achenpass nach Österreich, dann B181 bis Maurach/Buchau.

Bus/Bahn: Mit dem Zug von München Hbf. Richtung Innsbruck, Ausstieg Jenbach. Weiter mit dem Bus 4080 nach Maurach, Hst. Buchau.

Ausgangspunkt/P: Kostenpflichtiger Parkplatz am Kinderhotel Buchau. Alternativ z.B. am Atoll Achensee (Richtwert € 5 für 4 Std.)

Infos/Gaststätten: *Dalfaz Alm, Rutsche und Sandkasten, Tel.+43 664 9159807, www.dalfazalm.at, Anf. Mai bis Anf. Nov., kein Ruhetag. *Erfurter Hütte, Spielplatz, Tel. +43 5243 5517, www.erfurterhuette.at, geöffnet bis auf wenige Wochen im Sommer und Winter (nähere Infos auf Homepage).

Wegbeschreibung: Links neben dem Parkhaus des „Kinderhotels Buchau“ geht es zuerst unromantisch ein Stück den Forstweg am Waldrand entlang, bevor ein Steig rechts in den Wald hinein abzweigt und nach kurzer Zeit noch einmal den Fahrweg quert. Es gibt die ein oder andere Abkürzung über einen Steig, wichtig ist nur, dass die Abzweigung zum Wasserfall nicht verpasst wird, denn dieser ist tatsächlich einen Abstecher wert. Am unteren Ende gibt es eine kleine Aussichtsplattform. Dann geht es weiter, immer Richtung Dalfaz Alm. Nach Verlassen des Waldes verlassen wir auch den Forstweg und es geht über einen Steig über Almwiesen, vorbei an kleinen Privathütten weiter bergan. Bevor die Alm über uns auftaucht, werden noch einmal 300 steile Höhenmeter im Zickzack und zum großen Teil ohne Schatten überwunden.

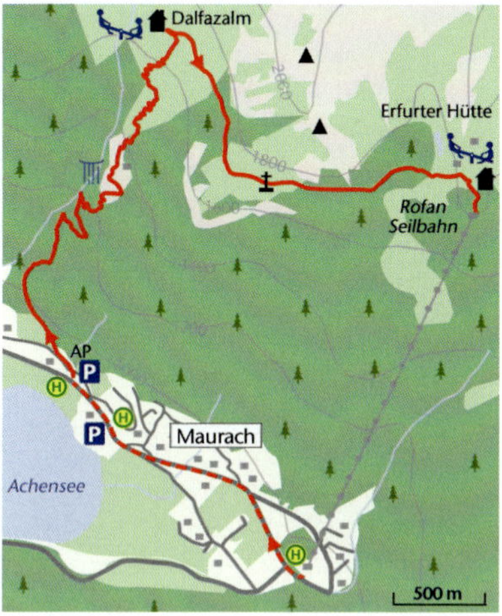

Eine große Terrasse und ein kleiner Kinderspielplatz sowie ganz viel Wiese entschädigen für den anstrengenden Aufstieg. Am Wochenende kann's hier auch richtig voll sein. Grund dafür ist die Nähe zur Rofanseilbahn und der schöne Höhenweg von dort. Auch wir wollen uns diesen Aussichtsweg nicht nehmen lassen und machen uns, nach einer längeren Pause, etwas oberhalb der Hütte auf den ca. einstündigen Weg zur Bergstation. Zuerst geht es wunderschön mit Blick auf den See und das Karwendel relativ eben den Wiesenhang entlang. Nach einiger Zeit wird das Durrakreuz mit einer tollen Aussichtsplattform und großen Holzliegen passiert. Nachdem ein paar natürliche Stufen überwunden sind, durchquert man einen wunderschönen, lichten und etwas mystisch wirkenden Wald. Ganz viele kleine Steinmännchen begleiten die Wanderinnen links und rechts am Wegrand entlang. Ein Sessellift über uns deutet darauf hin, dass es nicht mehr weit sein kann. Es geht noch einmal kurz und etwas anstrengend den Berghang hinauf und dann ist man mitten drin im Touristentrubel. Das Air Rofan, ein Spielplatz, einige Hütten und sonstige Attraktionen locken nicht wenige den Berg hinauf. Unser Ziel ist jetzt aber nur noch die Talfahrt zurück nach Maurach. Von dort müssen noch einmal ca. 20 Minuten für den Rückweg an der Straße entlang eingeplant werden. Wir schicken aber den Papa los und machen es uns so lange bei einem Eis an der Talstation gemütlich!

42 Mariandlalm (1250 m)

Tirol, Thiersee: gemütlich im Frühjahr

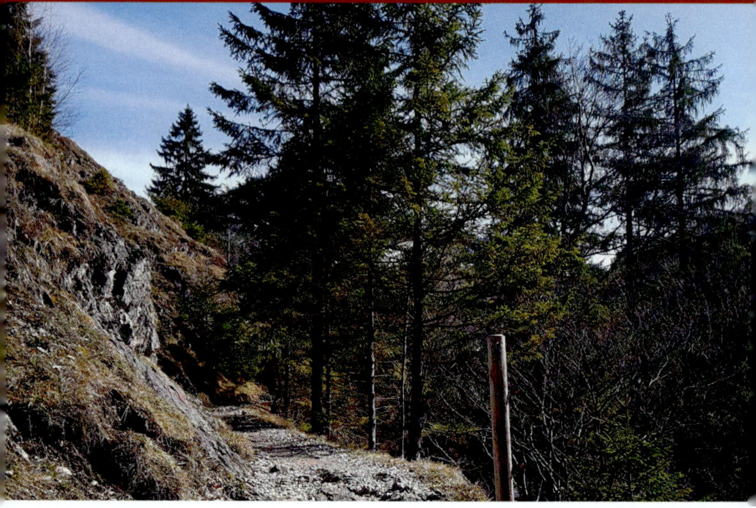

Kurze Tour auf die ganzjährig geöffnete, recht beliebte Mariandlalm. Wer es gemütlich mag, folgt dem Forstweg. Schöner ist aber der schmale Steig am sonnigen Hang entlang, der auch im Frühjahr aufgrund seiner Lage schnell schneefrei und trocken ist.

Wetter: Anforderung: Gesamtdauer: 2 h

Anforderung: Leicht; 380 Hm; leichte Steigung; ca. ⅔ Forstweg und ⅓ Pfade, die sich immer wieder kreuzen.

Dauer: Aufstieg: 1 ¼ h; Abstieg: ¾ h; gesamt ca. 2,8 km.

Wetter: Für jedes Wetter geeignet (da bei Schnee Aufstieg auch über Forstweg möglich), im Sommer früh starten, da zumeist offene Weideflächen.

Gehende Kinder:	Manchmal streichen zwei Katzen auf der Alm herum und Weidetiere können beobachtet werden. Für gehfreudige Kinder ein nettes Ziel zum Übernachten. Im Winter kann man den Forstweg hinunter rodeln (nicht präpariert, Rodel muss selbst mitgebracht werden).
Kinderwagen:	Ja.
Knieschonender Abstieg:	Ja.

Navi: A-6335 Almen, Almen 113; Parkplatz Mariandlalm.

Anfahrt: Von München kommend A8 Ausfahrt Irschenberg Richtung Fischbachau/Bayrisch Zell. In Bayrisch Zell rechts Richtung Thiersee. Kurz nach der österreichischen Grenze Wanderparkplatz Ursprungspass.

Bus/Bahn: –

Ausgangspunkt/P: Kleiner kostenloser Wanderparkplatz direkt an der Straße am Ursprungspass kurz nach der österreichischen Grenze.

Infos/Gaststätten: *Mariandlalm (auch Trockenbachalm), Tel. +43 664 3504417, www.mariandlalm.at, ganzj. geöffnet, Ruhetage Winter: Mo, Di, Do, Ruhetag Sommer: Mo.

Wegbeschreibung: Vom Parkplatz überqueren wir die Straße und folgen dem einzigen Forstweg ins Tal hinein. Grundsätzlich könnt ihr den Wegweisern bis zum Ziel folgen. Rechter Hand befindet sich ein Bach, der leider nicht zum Spielen erreichbar ist. Nach ca. 20 Minuten erreicht man eine Bank, die zu einer kurzen Rast einlädt. Hier gibt es zwei Wege, für die ihr euch entscheiden könnt. Entweder dem schattigen Forstweg weiter folgen oder links den schöneren und vor allem auch sonnigen Steig Richtung „Trockenbachalm (45 min)“ nehmen. Wir folgen dem Steig, dieser ist einfach abwechslungsreicher und die Zeit vergeht wie im Flug. Nach einem kurzen, etwas wurzeligen und steinigen Aufstieg geht es gemütlich nur noch leicht ansteigend am Berghang entlang. Nach weiteren ca. 20 Minuten sind einige Almen zu sehen, wovon die Mariandlalm die oberste ist. Ab den unteren Almen kann man wieder auf dem Forstweg weiter gehen, oder dem nun etwas steiler werdenden Pfad linker Hand folgen. Beide Wege kreuzen immer wieder und lassen ein Wechseln zu, ohne sich zu verlaufen, die Zielalm immer in Sicht. Die Hütte ist sehr gemütlich, mit einer großen Sonnenterrasse und sommers wie winters sehr beliebt. Abstieg wie Aufstiegsweg oder gemütlicher und knieschonender über die Forststraße.

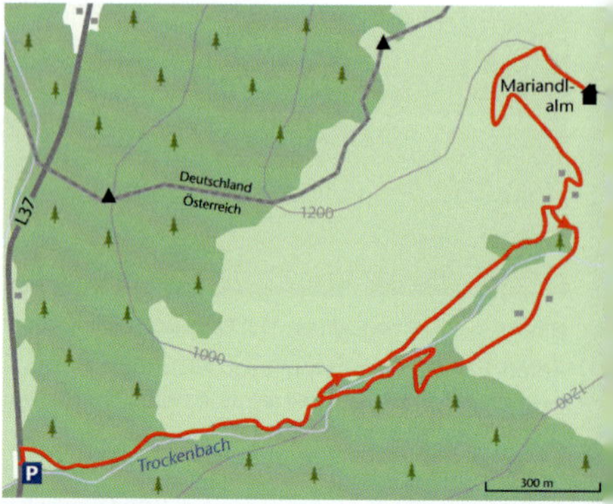

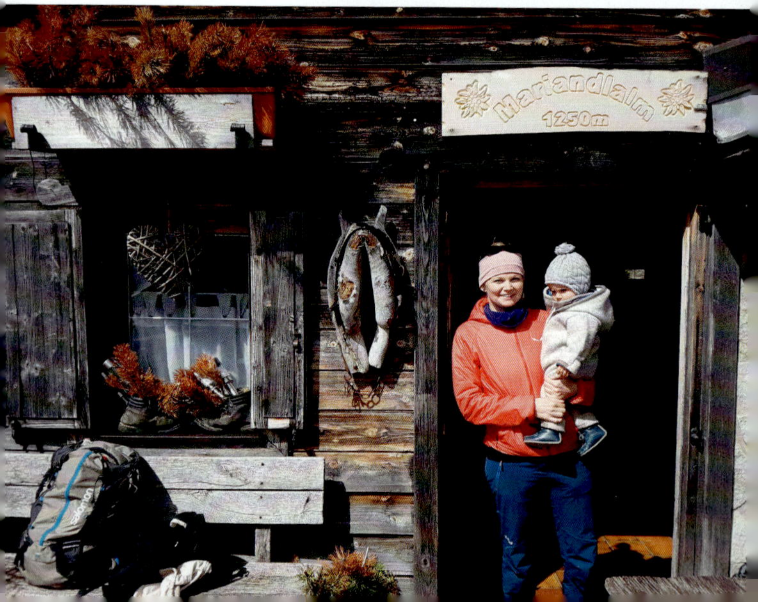

43 Kala Alm (1426 m)

Thiersee: bekannte Rodeltour im Kufsteiner Land Tirol

ck

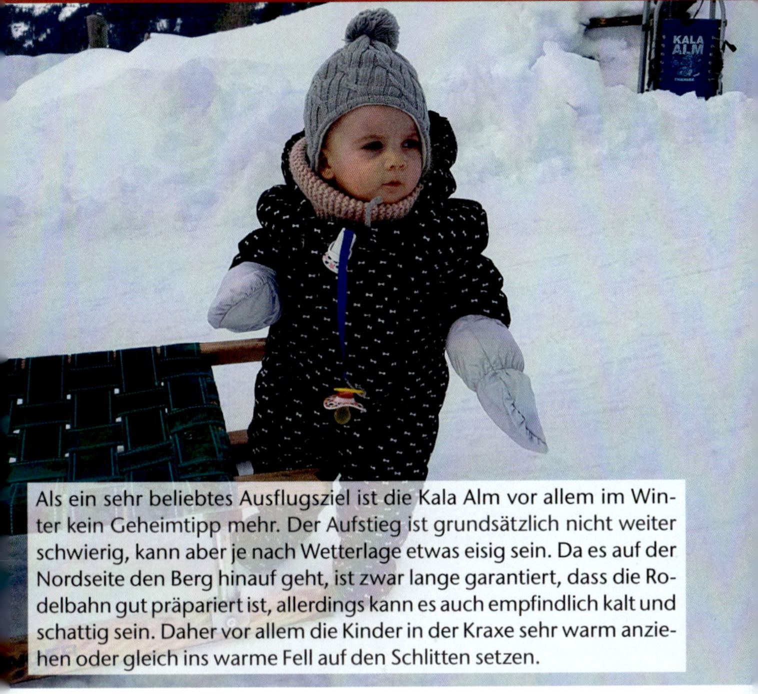

Als ein sehr beliebtes Ausflugsziel ist die Kala Alm vor allem im Winter kein Geheimtipp mehr. Der Aufstieg ist grundsätzlich nicht weiter schwierig, kann aber je nach Wetterlage etwas eisig sein. Da es auf der Nordseite den Berg hinauf geht, ist zwar lange garantiert, dass die Rodelbahn gut präpariert ist, allerdings kann es auch empfindlich kalt und schattig sein. Daher vor allem die Kinder in der Kraxe sehr warm anziehen oder gleich ins warme Fell auf den Schlitten setzen.

Wetter: Anforderung: Gesamtdauer: 1 ½ h

Anforderung:	Leicht; 350 Hm; Forstweg.
Dauer:	Aufstieg: 1 ¼ h; Abstieg: ¼ h; gesamt 5,3 km.
Wetter:	Jedes Wanderwetter.

Gehende Kinder:	Achtung: Da der Aufstiegsweg auch gleichzeitig die Rodelstrecke ist, ist mit rodelndem Gegenverkehr zu rechnen! Außerdem kann die Strecke stellenweise etwas eisig sein! An der Alm gibt es einen Spielplatz und viel Platz zum Toben, auch bei Schnee. Schlitten können auf der Alm gegen Gebühr ausgeliehen werden.
Kinderwagen:	Ja.
Knieschonender Abstieg:	Ja.

Navi: A-6335 Thiersee, Schneeberg 50.

Anfahrt: Von München kommend von der A8 auf die A93 Richtung Innsbruck wechseln. Ausfahrt Kufstein Nord, 175 folgen Richtung Zentrum. Nach Überquerung des Inn rechts abbiegen Richtung Thiersee. In Thiersee rechts abbiegen Richtung „Kirchdorf". Nach ca. 1,5 km links abbiegen Richtung (Alpengasthof) Schneeberg. Berg bis zum Ende hinauf fahren. Parken direkt am Alpengasthof Schneeberg.

Bus/Bahn: –

Ausgangspunkt/P: Kostenpflichtiger Parkplatz am Alpengasthof (Richtwert € 2)

Infos/Gaststätten: *Kala Alm, Spielplatz in Sichtweite der Terrasse, Rodelverleih, Richtwert € 3, Tel. +43 664 2055358, www.kala-alm.at, ganzjährig geöffnet, Ruhetage: Winter Mo, Sommer Mo–Di. *Alpengasthof Schneeberg, Tel. +43 5376 5288, www.gasthof-schneeberg.at, ganzjährig geöffnet, Vor- und Nachsaison Ruhetag Di.

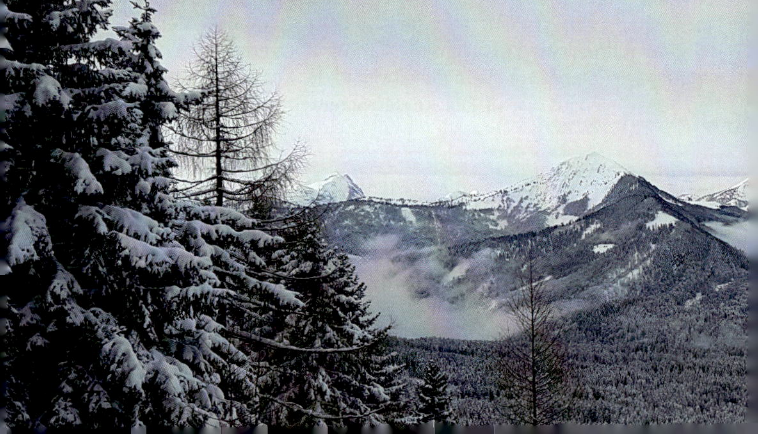

Wegbeschreibung: Am Alpengasthof Schneeberg startet die Wanderung auf die Kala Alm. Rechts daran vorbei und einfach der (am Abend beleuchteten) Rodelbahn nach oben folgen. Verirrung ausgeschlossen! Ein paar Mal kann durch den Wald abgekürzt werden, was jedoch eher im Sommer zu empfehlen ist. Außer der Rutschgefahr gibt es beim Aufstieg keine Schwierigkeiten. Kurz vor der Alm entdecken aufmerksame Wanderinnen um die Weihnachtszeit herum in einer scharfen Linkskurve einen geschmückten Tannenbaum. Die Kala Alm erwartet Ausgekühlte oder Hungrige sowohl mit einer großen Außenterrasse als auch großem Innenbereich, der selbst großen Anstürmen standhält. Rasant geht es dann auf Kufen denselben Weg abwärts. Da die Strecke grundsätzlich gut präpariert, wenig steil und ungefährlich ist, eignet sie sich auch gut für nicht allzu erfahrene Rodler.

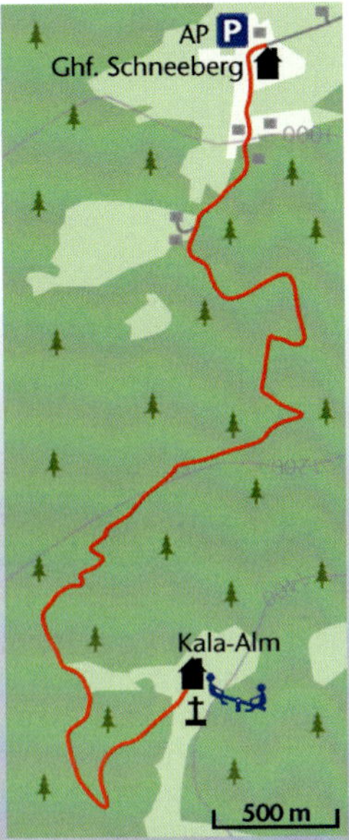

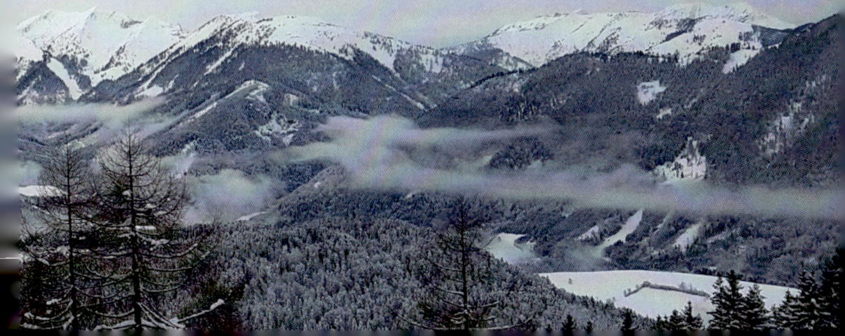

44 Hans-Berger-Haus (930 m)

Ebbs: durch das sanfte Kaisertal mitten ins wilde Kaisergebirge

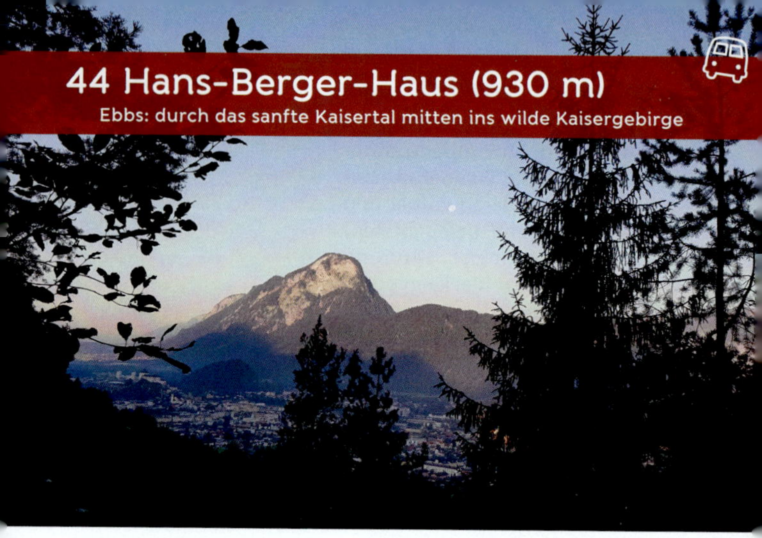

Sind die unzähligen Stufen anfangs erst einmal überwunden, wandert es sich meist gemütlich bis zu der im Talschluss eingebetteten Hütte. Mit insgesamt über 17 km zählt die Tour zu einer der längsten im Buch, dafür ist aber die Steigung so gemächlich, dass genug Zeit und Puste für die ein oder andere Unterhaltung bleibt und man die umliegende Natur entspannt auskosten kann. Das Haus liegt gemütlich im Wald, mit viel Wiese und einem Bächlein für die Kinder und Sonnenliege für die Mama!

Wetter: Anforderung: Gesamtdauer: 4 ½ h

Anforderung: Leicht; 650 Hm; leichte Steigung; 90 % Fahrweg; 10 % Steig.

Dauer: Aufstieg: 2 ½ h; Abstieg: 2 h; gesamt 17,6 km.

Wetter: Jedes Wanderwetter, auch bei etwas schlechterer Witterung gut machbar.

Gehende Kinder:	Empfehlung, nur einen kurzen Ausschnitt zu gehen, z.B. bis zu den drei Gasthäusern, die ca. ¼ Std. voneinander entfernt liegen. Ein Stichweg führt nach den Stufen zur begehbaren Tischoferhöhle. Bis zum Hans-Berger-Haus ist es für Kinder oftmals zu weit. Aufstiegsrallye (Rätselaufgaben) bis zum Anton-Karg-Haus (auf der Internetseite downloaden und ausdrucken).
Kinderwagen:	Nein (Stufen zu Beginn, sonst möglich).
Knieschonender Abstieg:	Ja.

Navi: A-6330 Ebbs, Kaiseraufstieg 19.

Anfahrt: Von München kommend von der A8 auf die A93 Richtung Innsbruck wechseln. Ausfahrt Oberausdorf B172 Richtung Niederndorf. Dort rechts abbiegen und der B175 bis Eichelwang folgen. Am Kreisverkehr Richtung Ebbs ausfahren und der Straße bis zum Parkplatz folgen.

Bus/Bahn: Von München Hbf. mit dem Zug nach Kufstein Hbf. Umsteigen in Bus Nr. 01 Richtung Kaisertal-Ebbs, Ausstieg Kaisertal-Parkplatz.

Ausgangspunkt/P: Gebührenpflichtiger Kaisertal-Parkplatz (Richtwert € 3).

Infos/Gaststätten: *Hans-Berger-Haus, Tel. +43 5372 62575, www.bergsteigerschule.at, Mitte Mai bis Mitte Oktober, kein Ruhetag. *Gasthof Veitenhof, kleiner Spielplatz, www.veitenhof.at. *Pfandlhof, www.pfandlhof.at. *Anton-Karg-Haus, Aufstiegsspiel „Bärenweg“ zum Ausdrucken auf der Internetseite, 2 Esel am Haus (Spaziergang möglich), www.hinterbaerenbad.com.

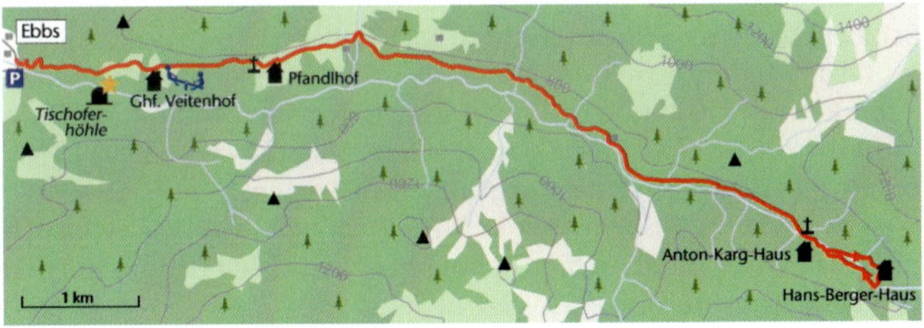

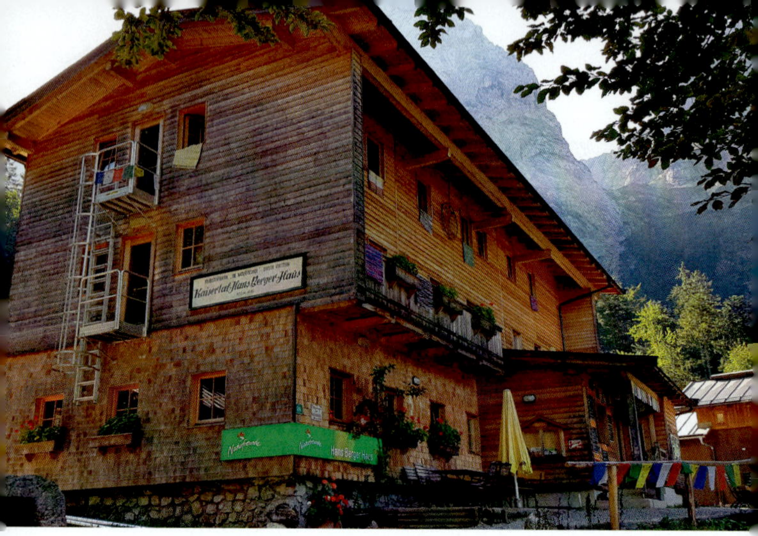

Wegbeschreibung: Gegenüber dem Parkplatz an einem Brunnen startet die Tour auf das Hans-Berger-Haus. Wer die ca. 280 Stufen und damit die ersten knapp 200 Höhenmeter erklommen hat, kann erst einmal durchatmen und gemütlich immer den Schildern Richtung Hans-Berger-Haus ins Tal folgen. Einige Gasthöfe am Weg laden zu Pausen ein. Etwas später gabelt sich der Weg. Wir entscheiden uns für die kürzere Strecke rechter Hand. Auf dem Fahrweg geht es eben, zum Teil auch kurz bergab, einmal durch den Wald, einmal etwas enger durch die Schlucht, einmal direkt am seichten Bach entlang immer weiter hinein ins Tal. Ein Tunnel kann durch einen kleinen Abstecher über den „alten Kaisertalweg“ (10 Minuten) umgangen werden. Vom Anton-Karg-Haus führt ein kurzweiliger, noch einmal etwas steilerer Waldpfad in 15 Minuten zum Ziel. Nach einer ausgiebigen Pause geht es auf demselben Weg zurück zum Ausgangspunkt. TIPP: Wer mehr Zeit hat – evtl. auch über Nacht bleibt – kann die Tischoferhöhle am Taleingang besuchen (Schautafel am Weg).

45 Stripsenjochhaus (1580 m)

Kirchdorf in Tirol: alpines Hüttenfeeling im Wilden Kaiser

ck

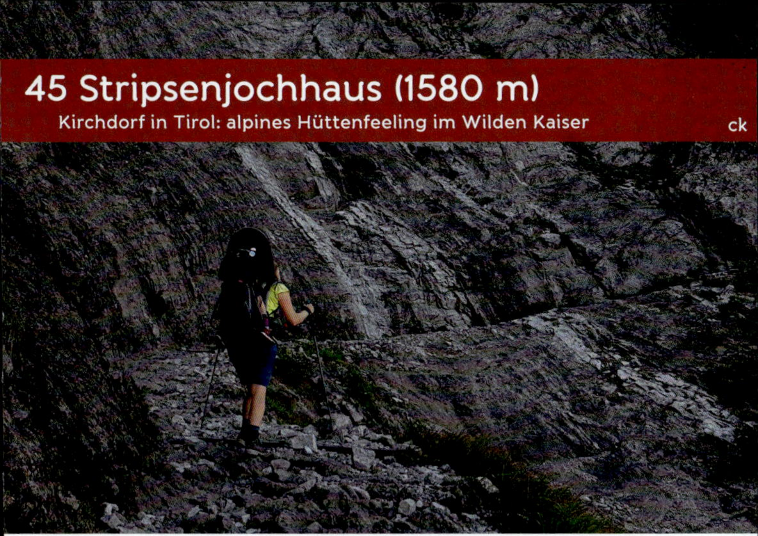

Das Ziel ist schon gleich von Beginn an zu sehen. Auch wenn die Hütte auf NUR 1580 m liegt, kommt man sich auf wenigen Touren so hochalpin vor wie hier. Im Schatten großer, beeindruckender Felswände geht es auf wenigen Kilometern 600 Höhenmeter den Berg hinauf. Anstrengend, aber absolut lohnenswert!

Wetter: ◑ Anforderung: ● Gesamtdauer: 3 h

Anforderung: Schwer; 600 Hm; steile Steigung; 25 % Fahrweg; 75 % Steig.

Dauer: Aufstieg: 1 ½ h; Abstieg: 1 ½ h; gesamt 6 km.

Wetter: Trockenes Wanderwetter. Selbst bei längerer Trockenheit ist der Weg stellenweise nass und rutschig.

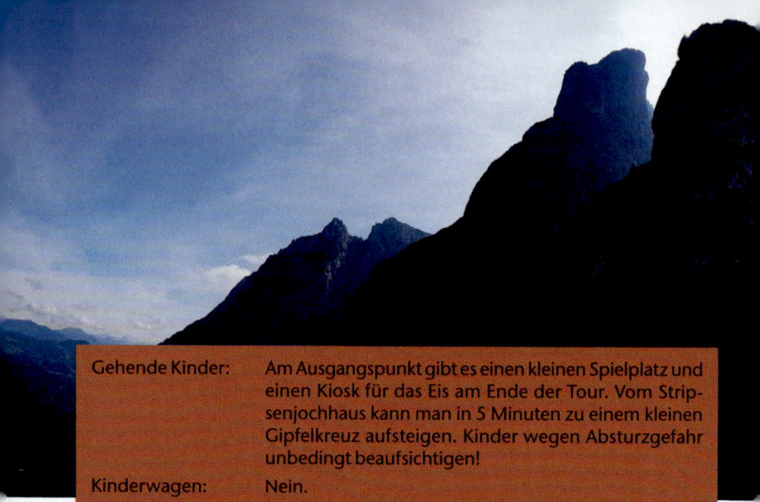

Gehende Kinder:	Am Ausgangspunkt gibt es einen kleinen Spielplatz und einen Kiosk für das Eis am Ende der Tour. Vom Stripsenjochhaus kann man in 5 Minuten zu einem kleinen Gipfelkreuz aufsteigen. Kinder wegen Absturzgefahr unbedingt beaufsichtigen!
Kinderwagen:	Nein.
Knieschonender Abstieg:	Nein.

Navi: A-6382 Kirchdorf in Tirol, Kaiserbachtal 6.

Anfahrt: Von München kommend von der A8 auf die A93 Richtung Innsbruck wechseln. Ausfahrt Oberausdorf B172 Richtung Walchsee, bei Kössen rechts Richtung B176 abbiegen. Straße bis Griesenau folgen, dann rechts abbiegen ins Kaisertal, Mautstraße (Richtwert € 4) bis zur Griesneralm folgen.

Bus/Bahn: –

Ausgangspunkt/P: Parkplatz an der Griesneralm.

Infos/Gaststätten: *Stripsenjochhaus, Tel. +43 664 3559094, www.stripsenjoch.at, Mitte Mai bis Mitte Oktober, kein Ruhetag. *Griesneralm, Spielplatz und zusätzlicher Kiosk, Tel. +43 5352 64443, www.griesneralm.at, Sommer Mai–Okt, kein Ruhetag, Winter Ende Dez–Apr, Ruhetag: Mo.

Wegbeschreibung: Viele Tagesausflügler kommen in das Tal, um den Ausblick auf die umliegende Bergwelt zu genießen. Richtig so, denn der ist hier tatsächlich fast einmalig. Ist aber erst einmal die Griesneralm direkt am Parkplatz und die kleine Brücke am Ende der Straße passiert, wird das Getümmel gleich weniger und es wird ruhiger. Verlaufen ist

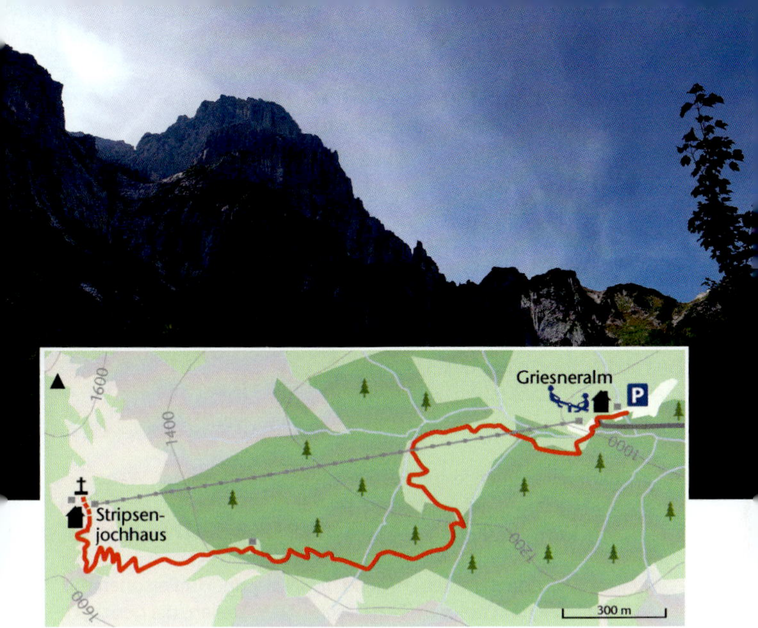

eigentlich unmöglich. Nach der Brücke einmal rechts abbiegen und dann immer dem Weg folgend den Berg hinauf. Erst auf einem Forstweg gemütlich durch den Wald, dann unwegiger einen steinigen und verwurzelten Steig hinauf. Auch im Hochsommer liegt der Weg zum Teil im Schatten der Berge und ist an manchen Stellen gefährlich nass und rutschig (keine Absturzgefahr). Am Ende geht es dann außerhalb des Waldes in Serpentinen an der steinigen Bergflanke hinauf zum Stripsenjochhaus. Es gibt eine tolle Sonnenterrasse, von der aus sich die Kletterinnen und Kletterer in den umliegenden Kaiser-Wänden beobachten lassen. Wer möchte, geht hinter dem Haus noch einige Meter den Berg hinauf und macht ein Erinnerungsfoto mit kleinem „Gipfelkreuz“. Der Abstieg erfolgt über denselben Weg wie der Aufstieg. TIPP: Wer ein paar Kilometer mehr machen möchte, parkt weiter vorn am Taleingang und wandert am Bach entlang in das Tal hinein.

Zum Gebrauch des Wanderführers:

Erklärung zum Hauptteil (Wanderungen):

Anforderung:

In der Anforderung wird die Wegbeschaffenheit und die Steigung beschrieben.

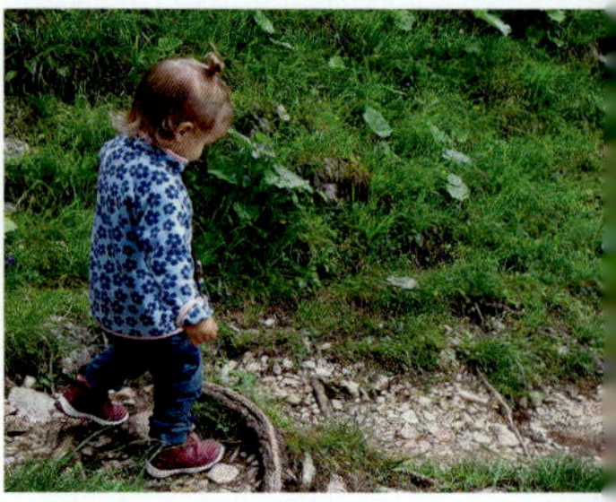

Bei der Einteilung sind wir auf die Situation mit Trage eingegangen, denn eine leichte Tour mit wenigen Höhenmetern ist mit Kraxe schon nicht mehr so einfach.

- **Blau** = technisch leicht. Für Einsteigerinnen geeignet. Wege sind breit und gut ausgebaut. Das sind Touren bis maximal 500 Hm. Die Anforderungen an die Kondition sind nicht sehr groß.

- **Rot** = technisch mittelschwierig bis schwierig. Für Personen mit Erfahrung im Wandern. Es gibt schmälere Stellen, die gesichert sind (z.B. Seile). Trittsicherheit ist erforderlich. Kinder sind bei abschüssigen Stellen zu sichern oder je nach Alter an der Hand zu führen (siehe unter Sicherung). Diese Touren haben ca. 500 bis 800 Hm – die Kondition sollte dementsprechend sein.

- **Schwarz** = technisch schwierig. Es gibt steile und ausgesetzte Passagen. Bergerfahrung, Trittsicherheit und Schwindelfreiheit sind unbedingt erforderlich. Hier findest du Touren ab 800 Hm und ausgedehnte, auch konditionell anspruchsvolle Touren.

Sicherung:

Mit Kindern in der Trage zu wandern, bedarf doppelter Vorsicht, denn wenn man ausrutscht, kann man sich mit Kind weniger wendig abfangen, das Gewicht ist anders verteilt.

Bei Tragen kommt zudem dazu, dass man beim Bergabgehen die eigenen Füße nicht unbedingt sieht. Kurz: Die Gefahr ist wesentlich größer als wenn man alleine geht. Trekking-Stöcke entlasten zusätzlich beim Auf- und Abstieg und können zudem helfen die Balance zu halten!

Bitte deshalb die Auswahl der Tour unbedingt an die eigene Bergerfahrung anpassen und nur, wenn man auch schon ohne Kind ausgesetzte Stellen gegangen ist und weiß, wie sicher man sich bewegt, kann man mit Kind im mittleren oder schwierigen Gelände gehen.

Es kommt leider auch immer wieder vor, dass die Kraxe ungesichert abgestellt wird (z.B. wenn man schnell die Jacke an- oder auszieht o.Ä.) und die Kinder aus der Kraxe fallen oder sie sich verselbstständigt. Deshalb bitte unbedingt immer mit einer Hand das Kind sichern! Lieber hinsetzen und in Ruhe die Handlung ausführen. An dieser Stelle auch die dringende Bitte, gehende Kinder bei abschüssigen Stellen immer an der Hand zu führen oder mit Seil zu sichern.

Dauer: Die Dauer bezieht sich immer auf die reine Gehzeit für eine Strecke ohne Pausen bis zum Ziel. Bei Rundwegen (RW) wird die Gesamtdauer des RW angegeben. Mit dem Kinderwagen ist man meist langsamer unterwegs, deshalb sind die Gehzeiten großzügiger bemessen.

Wetter:

Moderate Temperaturen, nicht zu heiß und nicht zu kalt. Im Sommer nicht in der Mittagszeit gehen.

Nieselwetter: Manche Wege, vor allem jene im Wald, sind auch bei bewölktem Wetter oder leichtem Regen gut möglich. Gute Regenbekleidung ist trotzdem wichtig.

Winter: Diese Tour ist auch bei Schneelage geeignet. An dieser Stelle unsere dringende Bitte, immer zu beachten, dass sich dein Kind im Gegensatz zu dir nicht bewegt und sehr schnell abkühlt, sollte es nicht warm eingepackt in der Trage unter deiner Jacke (nahe am Bauch) stecken. Auch wenn es warm angezogen ist, friert es und leider müssen wir darauf hinweisen, dass Kinder auch schon erfroren sind. Deshalb bitte auch bei

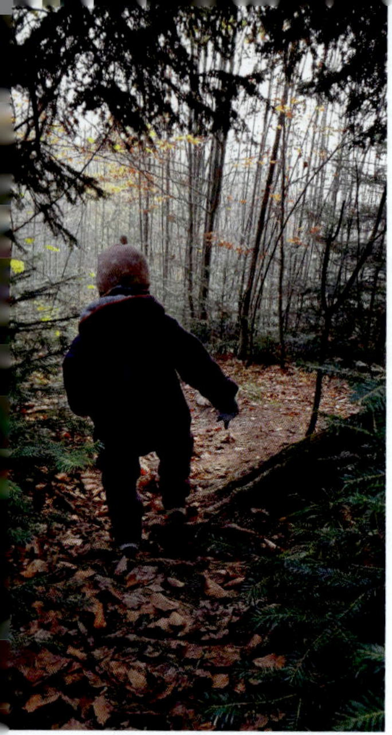

Schneelage nur bei milden Frühlingstemperaturen mit Kraxe gehen. Siehe auch unter Sicherheit, eisige Böden sind doppelt rutschig!

 Plantschmöglichkeiten: Wird nicht nur bei Bademöglichkeiten angeführt, sondern auch, wenn es die Möglichkeit zum Plantschen gibt.

Anmerkung: Auch wenn der Weg für den Hochsommer als geeignet angeführt wurde, bitte nicht zur heißen Mittagszeit wandern.

Gehende Kinder: Hier findet ihr eine Einschätzung, ob und inwiefern die Wanderung auch für Kinder ohne Trage – ab ca. einem Alter von 5 Jahren – geeignet ist. Bei kleineren Kindern geben wir das zusätzlich an.

Kinderwagen: Sollte eine Forststraße zum Ziel führen, ist die Wanderung – falls die Steigungen mäßig sind – auch mit dem Kinderwagen möglich. Bitte jedoch den Wagen unbedingt mit Band sichern, er könnte davonrollen, wenn ihr ausrutscht. Für Wanderungen mit dem Kinderwagen verweisen wir auf unsere Buchreihe „Kinderwagen- und Tragetouren" z.B. um und in München, Innsbrucker Täler, Tiroler Unterland und Chiemgau etc. Hier wurden Wege mit moderaten Steigungen ausgewählt.

Knieschonender Abstieg: Da das zusätzliche Gewicht des Kindes auch eine Belastung für die Gelenke darstellt, haben wir, wenn möglich, auf knieschonende Abstiegsvarianten verwiesen.

Ausgangspunkt (AP)/Parkmöglichkeit: Von hier aus startet die Beschreibung der Wanderung.

Navi: Eine eindeutige Navi-Adresse ist manchmal nicht möglich, wenn z. B. der Ausgangspunkt im Wald liegt. Deshalb wird hier manchmal auch die letzte Hausadresse angeführt. Ab dort bitte der Anfahrtsbeschreibung folgen.

Skizzen/Kartografie: Die Skizzen sollen einer groben Orientierung dienen. Sie sind keine millimetergenaue Abbildung der Realität. Es wurden nur jene Straßen, Wege und markanten Punkte eingezeichnet, die für die Wegfindung wichtig erschienen. Die rote Linie kennzeichnet den beschriebenen Wanderweg, gestrichelte Linien weisen entweder auf Alternativwege oder Verlängerungen hin.

Hinweise zum Fahren mit der Gondel: Gondelfahrten und Fahrten auf Passstraßen verursachen immer Druckunterschiede im Ohr. Bitte bei kurzen Bergstraßen ausprobieren, ob euer Baby das mag.

Legende

★	interessante Plätze
P	Parkplatz
■	Gebäude
	Plantschen / Badeplatz
AP	Ausgangspunkt
——	Wanderweg
- - -	Verlängerung oder Variante
	Bewirtschaftete Hütte

Abkürzungen

AP	Ausgangspunkt
AS	Anschlussstelle, Autobahnausfahrt
BOB	Bayerische Oberlandbahn
Bhf.	Bahnhof
bew.	bewirtschaftet
ganzj.	ganzjährig
geöff.	geöffnet
geschl.	geschlossen
Ghf.	Gasthof
Hst.	Haltestelle
P	Parkplatz
RB	Regionalbahn
RW	Rundweg
tgl.	täglich
ÜN	Übernachtung
Mo ... So	Montag ... Sonntag

Zur Ausrüstung

Tragetuch oder Kraxe

Vorab: Bitte die Wanderungen unbedingt an das Alter der Kinder anpassen und nur schön langsam an ausgedehntere Touren herantasten. Bis das Kleinkind selbstständig und sicher sitzen kann, ist das Tragen im Tuch oder der Babytrage die einzige Möglichkeit, mit dem Kind die schmalen Bergpfade zu stürmen (Hinweis: Almtouren auf breiten Forstwegen sind in unseren Kinderwagen- & Tragetourenbüchern z.B. von München, Allgäu, Tirol, Berchtesgaden u.v.m. zu finden). Das Tuch zum Binden ist allerdings nur eine gewisse (erste) Zeit ratsam. Je nach Gewicht des Kindes geben die Knoten der gebundenen Tücher nach einer gewissen Zeit nach, das Baby rutscht zu tief. Dann schafft eine Trage, die über Klickverschlüsse geschlossen wird, Abhilfe (Stichwort Halfbuckle oder Fullbuckle). Einmal eingestellt, verrutscht nichts mehr. Wer alleine geht, muss bedenken, neben Tragetuch (vorne) noch einen Rucksack auf den Rücken zu schnallen. Es ist wichtig, dass die Schulterpartie der Trage für die Länge der Tour und den zusätzlichen Rucksack angenehm ist und die Verschlüsse am Rücken mit dem Rucksack das Wandern nicht zu sehr beeinträchtigen. Vom Tragen des Kindes in Vorwärtsposition wird dringend abgeraten!

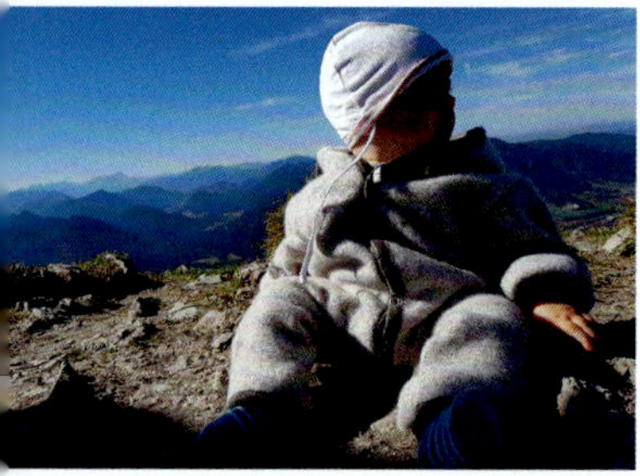

Ist das Kind groß genug – man sollte nicht zu früh umsteigen – wechselt man am besten von der Trage zur Kraxe. Kraxen sind speziell für's Berggehen konzipiert und vereinen Rucksack und Trage in einem. Wer grundsätzlich zu zweit und eher kleinere Touren geht, kann auf ein großes Gepäckfach verzichten. Weitaus wichtiger ist aber, dass die Kraxe über ein Sonnen-/Regendach verfügt, die Gepäckfächer eine sinnvolle Anordnung haben und das Kind gut gesichert werden kann.

Es gibt viele Hersteller für Tücher, Tragen und Kraxen, jede Trägerin ist anders und hat andere Anforderungen, am besten ist ein Beratungsgespräch im Fachmarkt oder direkt bei einer Trageberaterin.

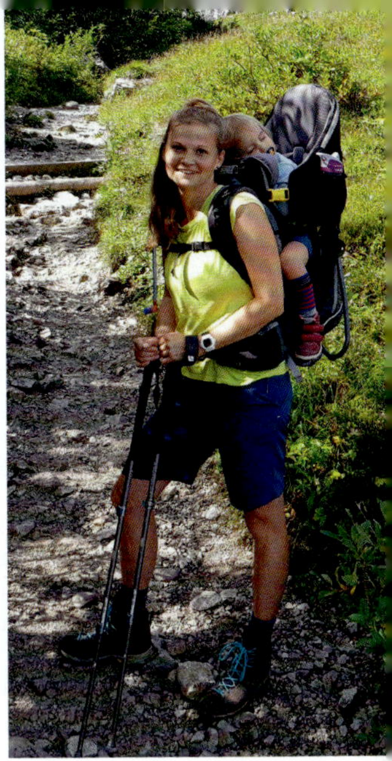

Verpflegung

Stillende Mütter müssen vor allem auf die eigene Flüssigkeitszufuhr achten. Für uns hat sich dabei eine Trinkblase am besten bewährt. So muss die Kraxe nicht heruntergenommen werden, wenn eine Trinkpause notwendig ist. Für Fläschchenkinder ist abgekochtes warmes Wasser in der Thermosflasche wichtig. Später braucht man es zum Breigläsle-Wärmen oder zur Zubereitung des Breis, außer dein Kind akzeptiert auch kalten Brei ;). Auch eine zusätzliche Wasserflasche dabei zu haben ist immer gut.

So ab einem halben Jahr bis ins Vorschulalter sind (Baby-) Kekse für zwischendurch immer nützlich. Ab diesem Alter kann man auch die fertige Mittagsmahlzeit im Breigläsle gut mitnehmen und mit Wasser aus der Thermoskanne wärmen. Oder ein Kühlsäckle aus dem Supermarkt zerschneiden und zum Warmhalten das aufgewärmte Glas darin einwickeln – bis Mittag bleibt das Essen angenehm warm.

Auch für größere Kinder immer ausreichend zu trinken mitnehmen. Reines Wasser ist die beste Flüssigkeit, die das Kind zu sich nehmen kann, und auf einer Wanderung hast du auch eine bessere Chance, dass dein Kind trinkt. Bitte bedenke auch, dass dein Kind an der frischen Luft einen viel größeren Appetit hat als zu Hause. Viele Kinder können sich im Kleinkindalter nicht artikulieren, wenn sie Hunger oder Durst haben. Darum bei raunziger Stimmung auch immer an diese Grundbedürfnisse denken.

Bekleidung

- Wechselkleidung
  ... und zwar für jedes Kleidungsstück samt Body oder Unterwäsche und Socken! Für Kinder jeder Altersstufe.
- Regenschutz
  für die Kleinen eine Kraxe mit Dach und für die Größeren Regenbekleidung.
- Mützen (im Sommer auch in Höhenlagen)
  ... und/oder Sonnenkappen mit Schild der Jahreszeit entsprechend.
- 1–2 Stoffwindeln
  ... als Kopfunterlage, Spucktuch, Schattenspender, „Händeabwischer“ etc. verwendbar. Dazu Wäscheklammern, um sie am Dach der Kraxe befestigen zu können (zur Beschattung, meistens ist die Sonne nämlich immer genau da, wo das Dach nicht ist! ;)
- Warme Jacke
  ... für den Fall einer Wetteränderung und auf alle Fälle für die höhergelegenen Wanderungen. 1000 Höhenmeter sind nicht zu unterschätzen!
- Gutes Schuhwerk mit Profil
  ... für Mutter wie Kind, sobald das eigenständige Gehen beginnt.
- Schneeanzug

... warme Handschuhe (Fäustlinge) schon ab Herbst und auch im Frühjahr. Loop für den Hals. Bitte auf warme Füße achten. Siehe auch unter den Anmerkungen beim Schneemännchen.

3. Pflege/Schutz (je nach Jahreszeit)

- 2–3 Windeln und Feuchttücher
  ... diese gehören ordnungsgemäß entsorgt! Evtl. Plastiksäckle mitnehmen.
- Sonnenschutz
  Sonnencreme oder Wind- und Wettercreme

- Verbandszeug
  ... für die größeren Kinder und für dich selber.
- Evtl. Schnuller und Schlafbär oder –tuch etc.

4. Sonstiges

- Taschenmesser
  ... zum Apfel-Schälen, Pflaster abschneiden, Rindenschiffle schnitzen, Breipäckle aufschneiden etc.

Wir sagen Danke ...

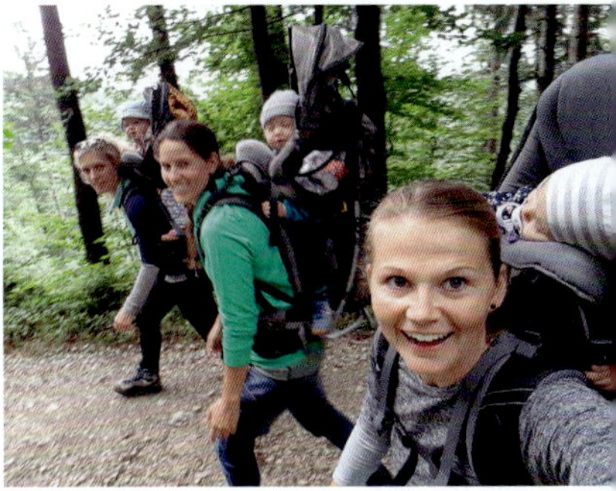

... an alle, die mit uns gegangen sind und die so die Wanderungen zu schönen Erlebnissen haben werden lassen.

Abbildungsverzeichnis

Alle Fotos wurden von den Autorinnen erstellt.

Alphabetisches Register

Weitere Familientouren in Vorarlberg

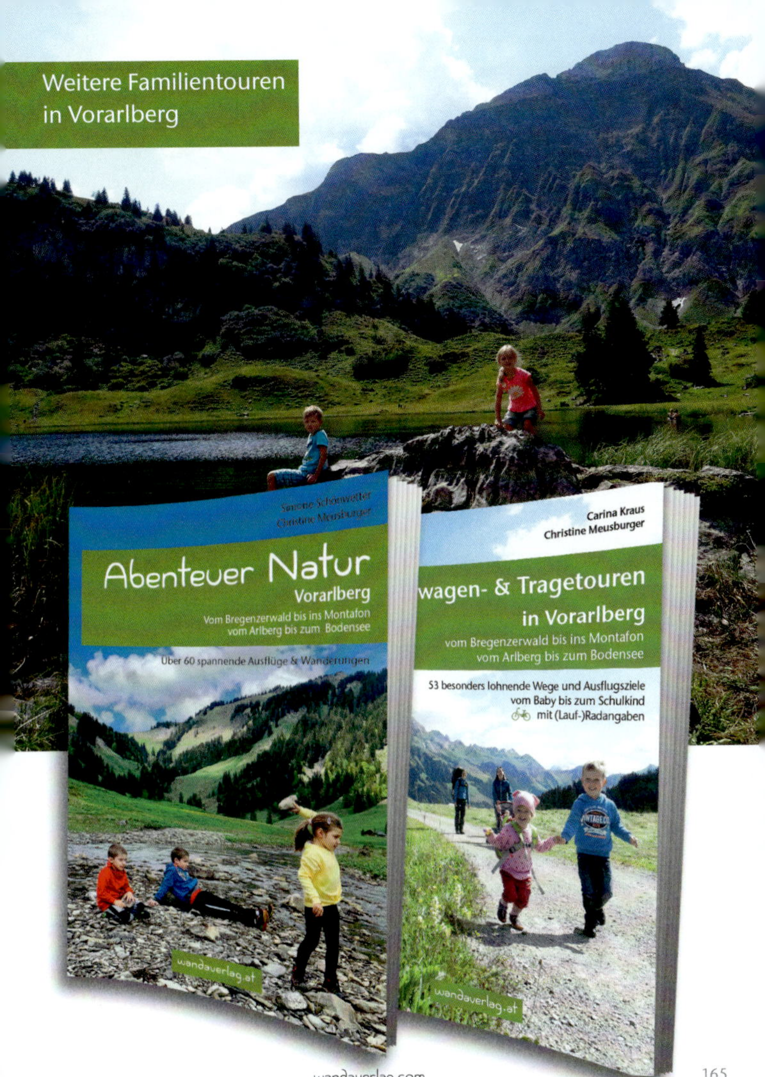

Notizen, Stempel, ...

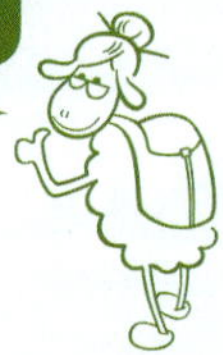

Weitere Familienwanderbücher in der Nachbarschaft:

Westlicher Bodensee & Westallgäu

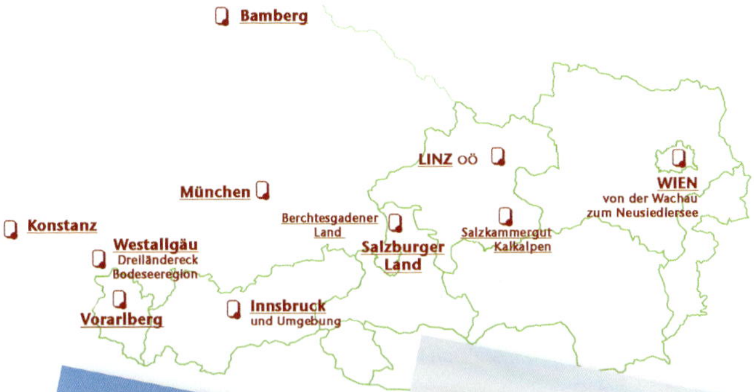

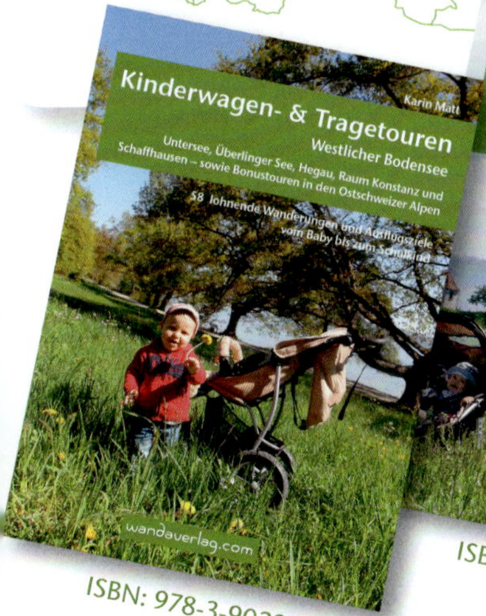

ISBN: 978-3-902939-04-3

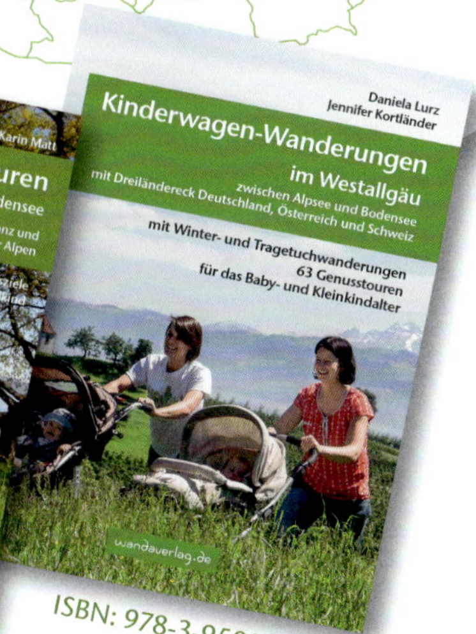

ISBN: 978-3-9502908-8-2

Notizen, Stempel, ...

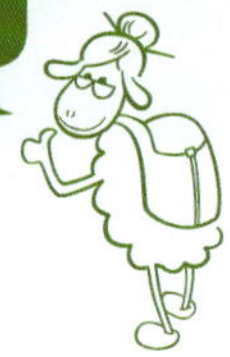

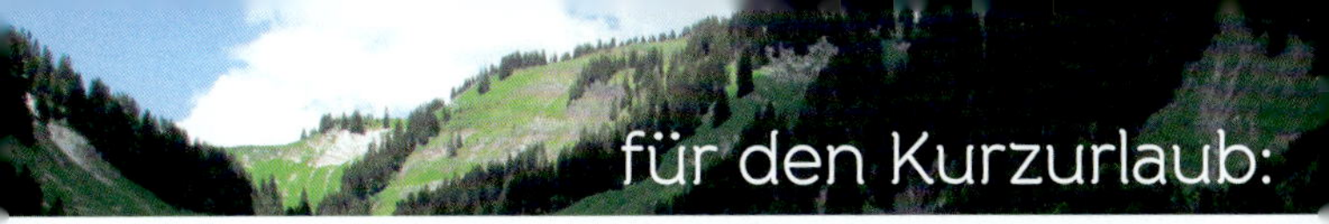

Salzkammergut für große und kleine Kinder

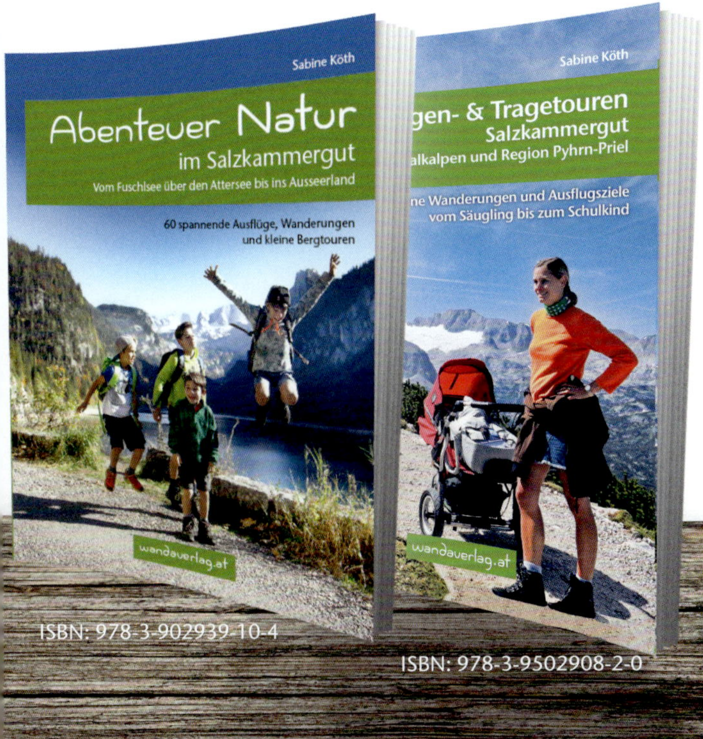

Notizen, Stempel, ...

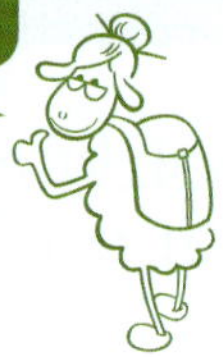

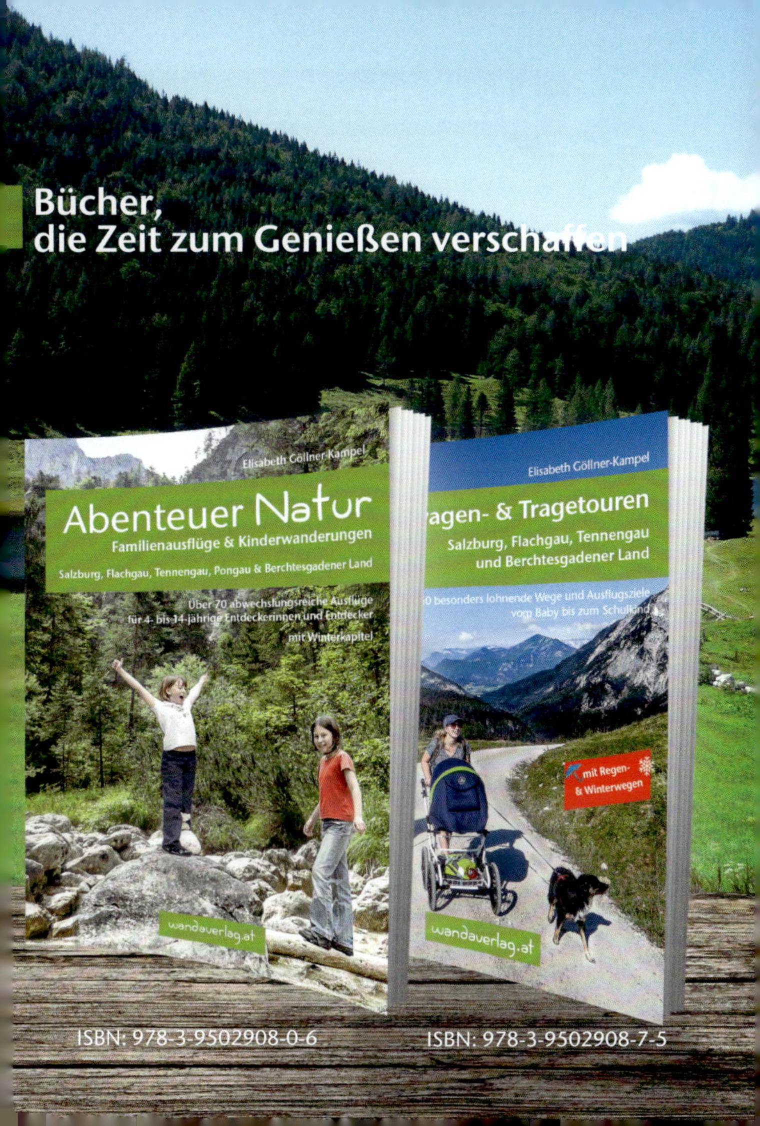

Bücher,
die Zeit zum Genießen verschaffen
Elisabeth Göllner-Kampel
Abenteuer Natur
Familienausflüge & Kinderwanderungen
Salzburg, Flachgau, Tennengau, Pongau & Berchtesgadener Land
Über 70 abwechslungsreiche Ausflüge
für 4- bis 14-jährige Entdeckerinnen und Entdecker
mit Winterkapitel
wandaverlag.at
Elisabeth Göllner-Kampel
agen- & Tragetouren
Salzburg, Flachgau, Tennengau
und Berchtesgadener Land
0 besonders lohnende Wege und Ausflugsziele
vom Baby bis zum Schulkind
mit Regen-
& Winterwegen
wandaverlag.at
ISBN: 978-3-9502908-0-6
ISBN: 978-3-9502908-7-5

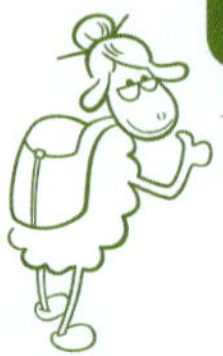

Notizen, Stempel, ...

Notizen, Stempel, ...

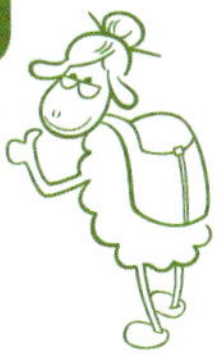

„Wanda-Pass“

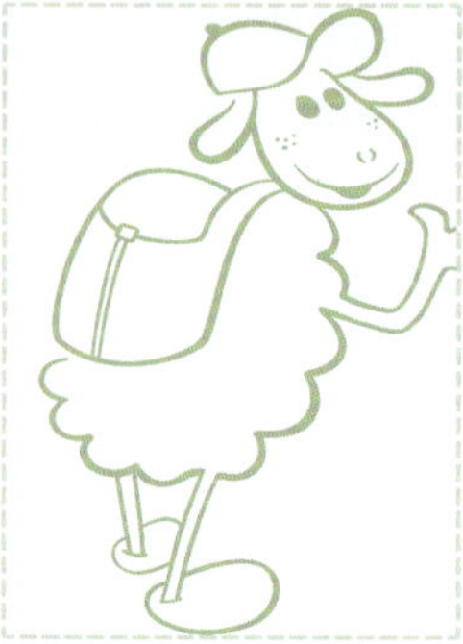

Platz für euer(e) Foto(s)

Wie funktioniert's?
Male das Wanda-Siegel aus oder klebe ein Pickerl drauf, wenn du einen Weg gegangen bist. Vielleicht mögen dir auch deine Eltern pro erreichtem „Level" eine kleine Aufmerksamkeit/Belohnung spenden. Wenn du magst, sende ich dir auch gerne eine Urkunde zu.
Hinweis: Die Farben werden – ähnlich wie bei Judo oder Karate – mit zunehmender Stufe immer dunkler.

Viele schöne Stunden und viele Abenteuer in der Natur wünscht dir

die Wandarine ;)

 Tour: ______ am: ______	 Tour: ______ am: ______	 Tour: ______ am: ______	**Level 1** Wanda-mini
 Tour: ______ am: ______	 Tour: ______ am: ______	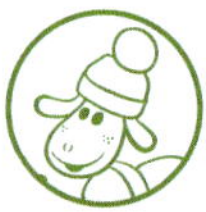 Tour: ______ am: ______	**Level 2** Wanda-zwerg

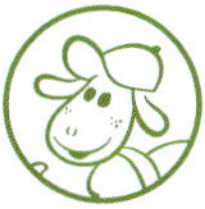 Tour: ____________ am: ____________	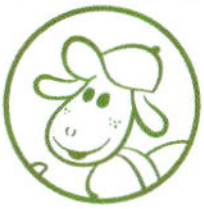 Tour: ____________ am: ____________	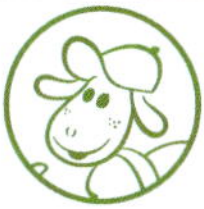 Tour: ____________ am: ____________	**Level 3** Wanda- kiddy
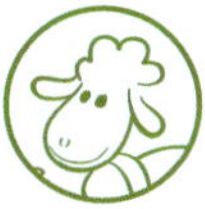 Tour: ____________ am: ____________	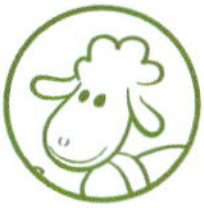 Tour: ____________ am: ____________	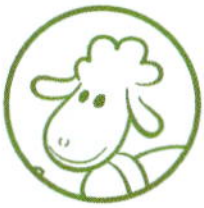 Tour: ____________ am: ____________	**Level 4** Wanda- kid
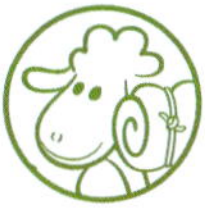 Tour: ____________ am: ____________	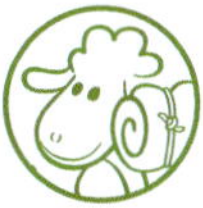 Tour: ____________ am: ____________	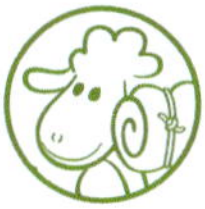 Tour: ____________ am: ____________	**Level 5** Wanda- teenie
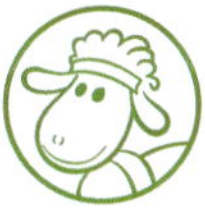 Tour: ____________ am: ____________	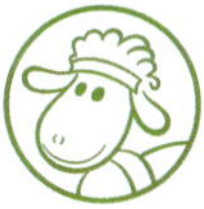 Tour: ____________ am: ____________	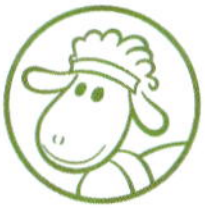 Tour: ____________ am: ____________	**Level 6** Wanda- youngster
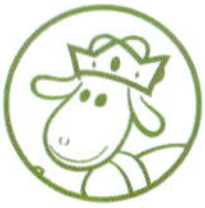 Tour: ____________ am: ____________	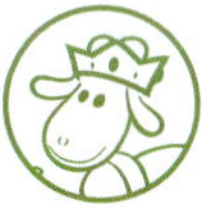 Tour: ____________ am: ____________	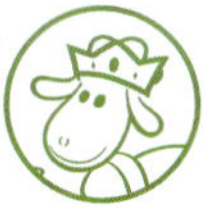 Tour: ____________ am: ____________	**Level 7** Wandastar

...verschafft Zeit zum Genießen

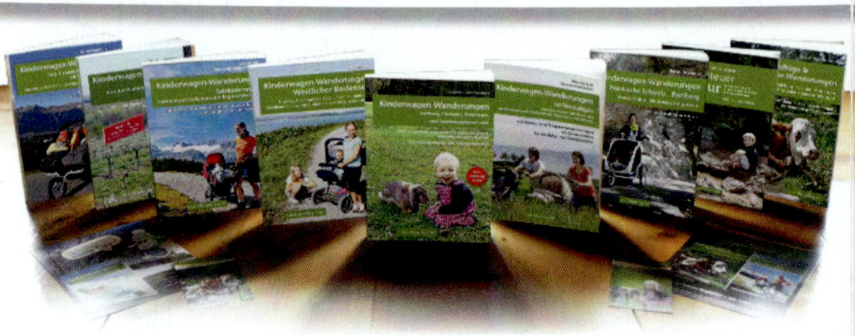

Der wandaverlag ist ein kleiner, unabhängiger Verlag am Fuße des Untersbergs. Jeder Wanderführer entsteht durch großes persönliches Engagement und viel Leidenschaft für ein perfektes Buch.

Was uns am Herzen liegt:

- Durch unsere akribischen Recherchen, genauen und trotzdem nicht zu langatmigen Angaben, durch unser übersichtliches Layout und die vielen kleinen Einzelheiten möchten wir Zeit zum Genießen verschaffen – unserer Leserschaft zuliebe.
- Wir unterstützen mit unseren Büchern die Initiativen Fair Trade und Clean Clothes – der Fairness zuliebe.
- Wir legen Wert auf umweltschonenden Druck – der Natur zuliebe.
- Durch die Angabe von öffentlichen Verkehrsverbindungen möchten wir ein umweltfreundliches Anreisen fördern – der Umwelt zuliebe.

Vielen Dank für euer Vertrauen! Wir freuen uns über jede Rückmeldung zu unseren Büchern und Wanderwegen.

Elisabeth Göllner-Kampel
(Verlegerin & Wanderbuchautorin)

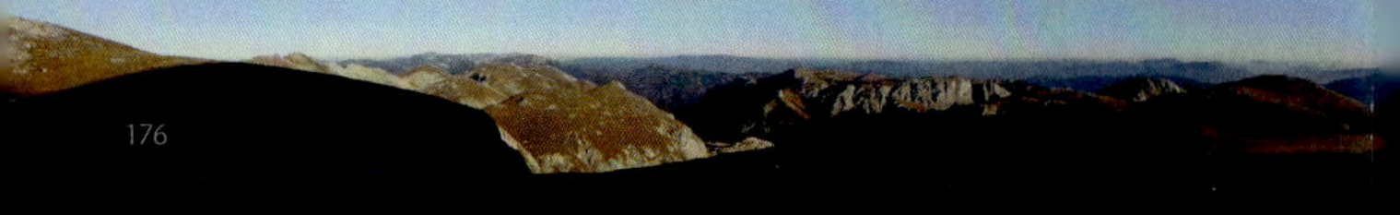